课题资助：

■ 2012浙江省哲学社会科学规划后期资助课题（编号：12HQ11）

■ 2011浙江省自然科学基金（编号：Y6110353）

■ 2011教育部资助课题（编号：10YJC790231）

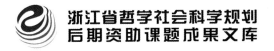浙江省哲学社会科学规划
后期资助课题成果文库

转型中城镇女性
劳动供给行为研究

Zhuanxingzhong Chengzhen Nüxing
Laodong Gongji Xingwei Yanjiu

谭岚 著

中国社会科学出版社

图书在版编目(CIP)数据

转型中城镇女性劳动供给行为研究／谭岚著. —北京：中国社会科学
出版社，2013.10

ISBN 978 - 7 - 5161 - 2770 - 4

Ⅰ.①转…　Ⅱ.①谭…　Ⅲ.①城镇 - 女性 - 劳动力调配 - 研究 - 中国　Ⅳ.①F249.21

中国版本图书馆 CIP 数据核字(2013)第 117990 号

出 版 人	赵剑英
责任编辑	宫京蕾
特约编辑	乔继堂
责任校对	王雪梅
责任印制	李 建

出　　版	中国社会科学出版社
社　　址	北京鼓楼西大街甲 158 号 （邮编100720）
网　　址	http://www.csspw.cn
	中文域名：中国社科网　　010 - 64070619
发 行 部	010 - 84083685
门 市 部	010 - 84029450
经　　销	新华书店及其他书店

印　　刷	北京奥隆印刷厂
装　　订	北京市兴怀印刷厂
版　　次	2013 年 10 月第 1 版
印　　次	2013 年 10 月第 1 次印刷

开　　本	710×1000　1/16
印　　张	12
插　　页	2
字　　数	202 千字
定　　价	36.00 元

目　　录

第一章

导　论

第一节　研究背景

我国是世界上人口最多的国家，并且人口总数仍在不断增加。如何为占世界 26% 的劳动力提供就业机会是我国必须优先重点解决的基本发展问题之一。然而，随着目前我国经济改革的深化和经济结构的调整，劳动者充分就业的需求和劳动力总量过大、素质不相适应的矛盾正日益凸显出来，表现为大规模的"下岗洪水、失业洪水"。劳动力供求的矛盾对实现我国经济发展、社会稳定的目标提出了严峻的挑战。

经济转型对劳动力市场的冲击作用在女性劳动力群体中表现得更为突出。传统的计划经济国家大力倡导男女平等，并通过城乡分割和所有制分割，对城镇女性的就业实行了完善的保护。因此就劳动参与率与工资收入而言，计划经济国家的两性差距远远小于西方市场经济国家。然而随着经济转型中国有企业改制和户籍制度的改革，转型国家对城镇女性就业的保护不断削弱，计划经济时代被强制实行的"两性平等"状况开始改变。20 世纪 90 年代中期以来我国较大比例的城镇女性劳动力进入下岗、失业的行列，女性劳动力的收入水平相对男性有所下降，城市劳动妇女正在成为劳动力市场的一个弱势群体和城镇贫困人口的一个来源。防止两性不平等的扩大是治理城市贫困的一个重要任务[①]。如果对趋于扩大的劳动力市场性别不平等没有足够的认识，在城市妇女中贫困发生率就有可能进一步提高。

劳动供给行为无疑与城市贫困问题密切相关。我国女性越来越多地退

---

① 蔡昉：《中国人口与劳动问题报告 No.4（2003）：转轨中的城市贫困问题》，社会科学文献出版社 2003 年版。

出劳动力市场，这一现象已经引起了理论界的重视，并引发了一场关于妇女该不该回家的讨论。支持者认为在就业高峰到来之际，启用"家庭缓冲器"，吸纳从劳动力市场上退下来的冗员，有利于缓解就业压力。反对者则认为妇女回家有悖于妇女解放的潮流。本书认为，对劳动参与与否的选择是女性的个人行为。任何经济政策都不能强迫女性选择政策制定者们所认为的合理的行为模式。女性劳动参与率长时期的下降趋势，背后有着深刻的经济动因。

因此本书所提出的问题是：（1）中国经济转型期女性劳动供给的行为模式如何？女性劳动参与决策在经济转轨过程中发生了怎样的变动？（2）什么因素导致了不同的劳动供给模式？如何解释转型期女性劳动供给行为的变动？（3）劳动参与变动趋势中是否存在显著的性别差异？如果存在的话，如何解释和评价差异的存在？（4）女性劳动供给行为的变动对我国劳动就业和社会福利等方面的政策有何启示？

值得说明的是，本书将研究对象定位于城镇女性。这里的"城镇"是从区域角度来加以界定的，而不是以户籍身份为标准来进行判断。之所以这样做，是因为现今城镇经济活动人口的构成已经发生了很大变化。随着户籍制度的取消以及农民向城市迁移进程的加速，农民工已经成为当今城镇劳动供给总量的一个重要组成部分。如果只考虑具有城镇户口身份女性的劳动参与行为的话，那么将忽视女性农民工的就业情况，导致对现实情况的理解出现偏差。因此本书中的城镇女性既包括了本地农业户口和本地非农户口的女性，又包括了外地农业户口和外地非农户口的女性。此外本书的研究并不涉及在家务农妇女的就业情况，这是因为在家务农的农村妇女属于自我雇用，其劳动供给机制与城镇妇女不同。

第二节　相关概念的界定

为下文行文的方便并避免文字上的争议，本书首先对相关概念作出界定。

一、劳动供给与劳动参与率

所谓劳动供给，是指在一定的市场工资率的条件下，劳动供给的决策主体（家庭或者个人）愿意并且能够提供的劳动量。劳动供给可以用以下四种尺度来进行衡量，一是人口的规模和构成；二是劳动参与率；三是平均每周或每年工作的小时数；四是劳动的质量，或者说是工作的努力程度。前三种尺度是对劳动供给的量的衡量，其中，劳动参与率和工作小时数是衡量个体劳动供给水平时最常用到的两个指标，而第四种则是对劳动供给的质的衡量。影响劳动供给质量的因素本书不作重点讨论。于是劳动供给的数量可以表示为：

　　劳动供给 = 人口 × 劳动参与率 × 平均工作小时数

　　所谓劳动参与率（Labor Force Participation Rate，简称 LFPR），指的是劳动年龄人口中经济活动人口（正在工作或是正在寻找工作的人）所占比重。劳动参与率是测度人口参与社会劳动程度的指标，反映了劳动力供给的相对规模。一定范围内的人口可依据若干标志进行分类，如不同年龄组人口或不同性别人口等。比方说以女性经济活动人口占女性劳动年龄人口比重所计算出的劳动参与率称为女性劳动参与率（Female Labor Force Participation Rate，简称 FLFPR）。按人口特征分组的劳动参与率反映了经济活动人口的分布情况。社会经济因素通过影响劳动参与率而影响劳动供给。由于劳动参与率指标能精确地反映劳动供给的变化，因此它也成为劳动供给分析的重要工具。

二、就业、失业与劳动参与

　　就业（employment）和劳动参与（participation）的定义存在相关性，但也有一定的区别。根据 ILO（国际劳工组织）的定义，劳动年龄范围内的人（此处简称 L）都可以被划分为以下三种状态：就业者（Employment，简称 E）、失业者（Unemployment，简称 U），以及非经济活动者（又称退出劳动力市场人口，out-of-labor force，简称 O）。所谓就业者是指那些在过去的一周中从事了至少一个小时有偿工作或者只是暂时性地离开了工作岗位的人，例如休假人员也属于就业者。所谓失业者，是指目前没有工作、正在积极寻找工作，而且能够立即到岗的人员。所谓非经济活动者，则是指目前没有工作而又不能满足以上失业标准的人。其中就业者和失业者一起构成了经济活动者（即 in-the-labor force，简称 I，又称劳动参与者），而失业者和非经济活动者一起构成了非就业者（nonemployment，简称 N）。E、U、O、I 以及 N 之间的关系如图 1-1。

　　在对就业、失业和退出劳动力市场这三类劳动力市场状态进行了有效

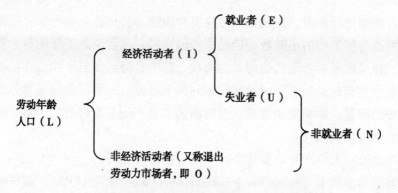

图 1-1　ILO 对人口劳动就业状态的分类

的识别后，就可以计算就业率、失业率与劳动参与率了。根据 ILO 的定义，就业率（Employment ratio）与失业率（Unemployment ratio）分别指就业人口与失业人口占经济活动人口的比重；就业率与失业率之和恒等于1。于是就业率、失业率与劳动参与率可以分别表示为：

就业率 = E/I = E/（E + U）

失业率 = U/I = U/（E + U）

劳动参与率 = I/L =（E + U）/L =（E + U）/（E + U + O）

虽然失业者和退出劳动力市场者都表现为不工作，但是仍然有必要对它们进行区分，因为这是许多经济分析的基础。首先，在模型中，失业者通常表现出一定的工作搜寻行为，而退出劳动力市场者则刚好相反。其次，失业者被定义为在市场工资条件下愿意工作的人，其愿意工作的小时数大于零；而退出劳动力市场者被定义为在市场工资条件下不愿意工作的人，需要有更高的工资才能吸引他们进入劳动力市场，其在当前工资条件下愿意工作的小时数为零。

三、工作小时数与劳动参与率

在很多研究劳动供给的经济学理论文献中，工作小时数和劳动参与率往往可以通用。但是实际上这两者之间还存在着一定的区别。

首先，两者在概念上存在一定的区别。实现就业的过程可以划分为前后两个阶段。在第一阶段中，处于劳动年龄并且具有一定劳动能力的人需要有就业的意愿，并且积极地寻找工作机会，以参与到劳动力市场中，从而成为潜在的劳动力。在这一过程中并不存在人为设置的标准和条件，更多反映了个人的参与意愿。在第二阶段中，求职者和用人的企事业单位双向选择，在这一过程中不可避免地会存在一些人为设置的障碍，于是部分求职者将会实现就业，而剩余部分的求职者将仍只是停留在求职阶段。无论是否实现就业，只要所观测的样本个体在第一阶段中表现出愿意工作，就可被视为参与到劳动力市场中，否则视为不参与。劳动参与，可被视为家庭背景下效用最大化的决策结果，反映了个人在给定的工资率下是否愿意参与劳动，侧重的是对第一阶段——个人参与意愿的衡量。工作小时数（working hours）指标则与劳动参与率不同，它反映的是一定工资率水平下人们实际提供的劳动量，而不是同样工资率水平上人们所愿意提供的劳动量，侧重的是对第二阶段——实际就业的衡量。虽然传统的劳动经济学文献中通常假定人们可以在给定工资率下自由选择工作时数，但是现实生活中，不同公司有不同的工作性质和不同的下岗及带薪休假政策，所要求的工作时数也不同，从而人们只能通过选择职业和雇主，来间接地选择工作时数①②。而人们在不同公司间的流动，又是在劳动力市场分割、劳动力流动性限制这些约束条件下进行的，从而人们对不同的工作时数的选择是有一定局限性的。因此，实际观测到的工作时数既取决于愿意工作的小时数，又取决于工作时数的限制。从而"工作时数仅由偏好决定，这是一个错误的假定，将会导致劳动供给弹性大小的估计值出现偏差"③。

　　其次，劳动参与率与工作时数的分析方法不同。工作时数以边际分析为基础，强调工资、收入等变动导致的工作时数的边际变动；而劳动参与率则以对角点解的分析为基础，强调保留工资或者是市场工资变动所导致的工作与否的离散选择。

　　于是劳动供给决策就被区分为广延边际（extensive margin）上的选择和集约边际（intensive margin）上的选择，其中前者指的是劳动参与与否的选择，而后者指的是就工作的人而言，对工作小时数或工作周数的选

① Killingsworth, M. R., *Labor Supply*, New York：Cambridge Univ. Press, 1983.

② Blundell, R. and MaCurdy, T., "Labor Supply：a Review of Alternative Approaches", in：Ashenfelter, O. and D. Card (ed.)：*Handbook of Labor Economics*, 1999, 3：1559—1695.

③ Dickens, William, T. and Lundberg, Shelly, J. "Hour Restrictions and Labor Supply", *International Economic Review*. 1993, 34 (1)：169—191.

择。进行这种区分是正确选择实证模型的前提①②③。

本书在分析我国的女性劳动供给行为时所采用的指标是劳动参与率。之所以采用劳动参与率而不是工作小时数，同样也与我国的现实背景有关。在计划经济时期，工作小时数事实上在很大程度上是由政府计划的，并不存在劳动者个人的选择。工作小时数在计划经济时代有着平均性的特征，人与人之间不存在太大的差异性。绝大多数人每周工作 40 或者是 48个小时，即每天工作 8 小时，每周工作 5 天或者 6 天。虽然随着市场化改革的推进，工作小时数出现分散化的变动趋势，但是由于劳动力市场改革并不完全，劳动力市场中存在的制度限制、地区分割现象仍十分严重，劳动力对工作小时数的选择仍存在较大的局限性。图 1－2 和图 1－3 分别为2002 年 25—55 岁工作女性和工作男性每月工作小时数的分布图。很显然，无论男女月工作小时数比重最大的均为 176 小时/月，按每月 22 天工作日算即 8 小时/天。这意味着我国劳动力对劳动供给小时数的选择的确受到了来自企事业单位的工作小时数限制，并不能完全体现出劳动力自愿的选择。Haizheng Li 和 Jeffrey S. Zax（2003）通过研究我国 1995 年的城镇劳动力市场也发现，由于改革的不完全，劳动供给小时数对各种经济变量变动并不敏感。出于这个考虑，本书在分析我国女性劳动供给行为时所采用的是劳动参与率指标④。

第三节　研究方法和本书结构

一、研究方法

本书在论述中并不希望通过对女性劳动供给行为就事论事地来进行简

---

① Heckman, J. J., "What Has Been Learned About Labor Supply in the Past Twenty Years?", *American Economic Review*, 1993, 83：116—121.

② Zabel, Jeffrey, E., "The Relationship Between Hours of Work and Labor Force Participation in Four Models of Labor Supply Behavior", *Journal of Labor Economics*, 1993, 11（2）：387—416.

③ Meyer, Bruce, D., "Labor Supply at the Extensive and Intensive Margins：The EITC, Welfare, and Hours Worked", *American Economic Review*, 2002, 92（2）：373—379.

④ Haizheng Li and Jeffrey S. Zax, "Labor Supply in Urban China", *Journal of Comparative Economics*, 2003, 31：795—817.

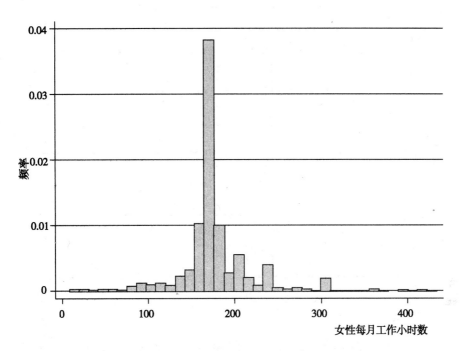

图 1 - 2 我国 2002 年女性每月工作小时数的分布

单的描述，而是要以改革开放以来，迄今为止仍然在进行中的中国经济转
型时期为时空背景，分阶段回放和分析，记载转型经济全过程的劳动力市
场变迁、社会结构变迁以及女性劳动供给行为的变动及其相互关系。本书
在研究中注意学科的交叉和融合，把劳动经济学、家庭经济学、经济计量
学和比较经济学等学科有机地结合在一起。所采用的研究方法包括：

（1）实证分析与规范分析相结合、总量分析和结构分析相结合的研
究方法。本书十分注重从现实的经济现象中发掘出新的问题，既注重事实
的归纳，又注重理论的演绎。力求用准确、透彻和具有说服力的分析，完
成对假说的证明，寻找并提出切实可行的有建设性意义的政策思考。

（2）历史与逻辑分析相结合的方法。对动态的历史予以动态的考察，
在充分认识历史的前提下，做到逻辑与历史相一致。

（3）比较研究的方法。通过对不同性别的劳动供给行为进行比较，
以便更深刻地考察女性劳动供给行为的内在机理。

（4）计量经济学的分析方法。本书在实证研究中，充分应用了计量
经济学的分析方法，既注重对横截面数据的分析，又注重对多年情况的比
较。全面翔实的数据为本书的分析提供了便利。

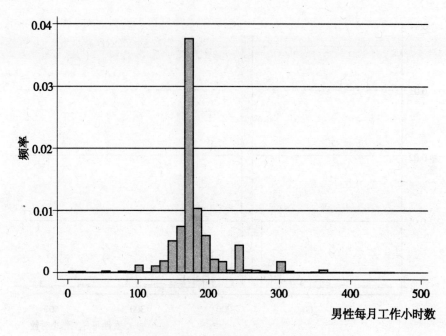

图1-3 我国2002年男性每月工作小时数的分布

二、数据来源和说明

本书所采用的数据具有可靠性高、连续性强、样本量大的特征。从数据来源上说，本书所采用的微观数据如无特殊说明，均来源于1988—2002年的城市住户调查。调查由国家统计局城市社会经济调查总队组织实施，各省、自治区、直辖市城调队及抽中的城市城调队按国家统计局制订的统一方案收集资料汇总上报。调查由专业机构派出的专业调查人员进行，确保了调查数据的真实性和可靠性。各地区均采用同样的调查方案，保证了统计口径的统一性，以及各地之间的可比性。调查的内容和指标的设定随着时间推移和经济发展有所增减，但是大体上保持不变。并且城调队各年的样本量都非常大，调查内容十分广泛，包括了城市居民家庭成员个人基本情况、住房基本情况、就业基本情况、主要耐用消费品拥有情况、家庭现金收支情况、家庭消费支出情况、家庭食品消费情况，以及家庭非现金（实物及服务）收入情况，能全面反映女性的工作、生活等各种活动。更为重要的是，调查分别以住户和个人为统计单位，因此也能够反映出女性个体的家庭背景，从而使在家庭背景下研究女性劳动供给行为成为可能。大样本的连续数据为本书对女性劳动供给行为的实证研究提供了便利。

三、本书结构

本书对我国女性劳动供给行为的研究将着眼于重点分析女性的劳动参与决策。研究的基本思路是：首先对现象进行描述，经济转型过程中我国女性劳动参与状况是如何变化的？现状如何？随后对我国女性劳动供给行为的决定因素进行理论和实证分析，研究女性劳动供给模式，以及女性劳动参与率的变动趋势的决定因素；在对"是什么"和"为什么"进行基本的探讨后，本书将对我国女性劳动供给行为的变动作出基本的价值判断，并提出改变现状的一些政策建议。其中，对女性劳动供给行为决定因素的分析，是本书研究的重点所在。

除了本章外，本书由以下部分组成。

第一部分（第二章）为女性劳动供给的文献综述。这部分对西方国家女性劳动供给研究的最新理论成果进行了系统的梳理和总结，为本书的研究打下了理论基础。事实上，并不存在专门的"女性劳动供给理论"，对女性劳动供给行为的研究，应用的是劳动经济学和家庭经济学的主要成果，并综合考虑婚姻、生育等行为对女性劳动供给的特殊影响。

第二部分（第三章）对现象进行了描述。这部分在比较各国统计口径的基础上，对新中国成立以来包括劳动供给规模、就业产业结构，以及劳动参与率在内的女性劳动供给变动趋势进行了分阶段的描述。其中的重点是对转型以来女性劳动参与率各方面的变动特征进行全面的描述，如女性劳动参与率变动的年龄特征、教育程度特征、户籍特征以及和其他国家的区别等。

第三部分（第四章）进行了理论分析。与西方国家相比，我国女性劳动供给行为有着特殊性。计划经济时代统包统分的就业制度和"男女平等"原则的行政运作，都为我国女性劳动供给行为打上了深深的历史烙印。这决定了不能照搬西方国家的理论来分析我国的现实情况。虽然传统的共同偏好的劳动供给模型对我国女性劳动参与率的变动有很强的解释力，但是在我国特殊的国情背景之下，仍有部分女性就业的相关现象不能被完美地解释，集体博弈分析框架的引入有助于弥补这些不足。

第四部分（第五章、第六章和第七章）对我国经济转型中女性劳动供给决策进行了经验分析，是本书研究的重点所在。在第五章中，论文利用横截面的数据对共同偏好劳动供给模型在我国的适用性进行了检验，并对女性劳动供给决策的决定因素进行了分析。第六章将分析框架进行了扩展，女性在劳动供给中所进行的选择扩展为三项：就业、失业和退出劳动力市场，并考虑了宏观经济环境对女性劳动供给的影响。第七章解释了女性劳动供给行为为什么会在横截面数据和时间序列数据中出现矛盾，并进一步解释了导致女性劳动参与率长期变动趋势的主要原因所在。

第五部分（第八章）对我国经济转型期女性的劳动力市场状况进行了总结，并对如何改善女性的劳动力市场状况提出了一些政策建议。

第四节　研究意义

两性平等是人类社会文明程度的体现。对两性平等目标的追求过程是社会平等和经济发展的不断深化和丰富的过程。而女性就业和劳动参与则是衡量女性社会地位的核心指标。通过对转型经济中城镇女性劳动供给进行研究，一方面有利于发掘出工作和闲暇的微观选择机理，对微观个体的女性劳动供给行为模式深入理解；另一方面同样也有利于对宏观经济现象，如失业等加深了解。此外，对女性劳动供给行为的分析还有助于理解其他一些相关的社会经济现象，如性别工资差距、妇女地位、城市贫困，等等，并且对相关政策的制订和完善提供理论依据。

第一，劳动力供给量主要取决于劳动力资源存量和劳动参与率，因此女性劳动参与率是决定女性劳动供给总量的一个重要因素。自从 1978 年开始经济改革以来，我国逐步从计划经济走向市场导向的经济。劳动力市场在这个过程中也受到冲击，一个突出的问题是城镇劳动力市场中就业压力日趋严重，出现城镇新增劳动力就业、农民工进城打工和下岗失业人员再就业"三碰头"的局面①。在这种情况下关于女性劳动参与率出现了两种不同的观点。第一种观点提倡降低女性劳动参与率，这种观点认为，在劳动力市场总量供大于求的局面下，降低劳动参与率，尤其是妇女的劳动

---

① 吴邦国：《以"三个代表"重要思想为指导，切实做好下岗失业人员再就业工作》，载《中国积极的就业政策——全国再就业工作会议（2002）文件汇编》，中国劳动和社会保障出版社2003 年版。

参与率，可以减少城镇的就业压力。第二种观点则刚好相反，认为劳动参与率的下降降低了人口的生产性，加速了人口红利的消失过程，从而减弱了中国经济增长的可持续性①，并且导致"白色浪潮"对社会养老的巨大压力。对这一问题的两种不同认识对应了两种不同的政策导向。支持前一种观点的主张通过发展教育产业、缩短退休年限，以及妇女阶段性就业等方式降低各年龄段的女性劳动参与率；支持后一种观点的则主张通过延长退休年限、进行有针对性的上岗培训、加强男女平等就业以及女职工特殊保护的法律、法规建设等促使妇女参与社会劳动。在这种形式下，研究劳动供给行为，尤其是女性的劳动供给，就具有了一定的理论和实践的指导意义。

第二，经济转型中与女性劳动参与率下降同时出现的另一普遍现象是性别收入差距的扩大②。这两个现象并不孤立。不仅性别工资差距的加大会影响女性劳动参与率，反过来女性劳动参与率的变动也会影响到性别工资差距。参与率的增长有两种类型，第一种是广延增长，即新进入的和再次进入劳动力市场的人数增多，这倾向于降低工作妇女的平均经验，从而降低工作妇女的平均工资。第二种类型的增长是集约增长，即已经处于劳动力中的妇女增加了工作经验和工作连续性，这将导致平均工资日益提高③。劳动参与率对平均工资产生双向的影响，这种影响是正，还是负，要取决于对女性劳动参与的实证分析。此外，低技能和低工资女性退出劳动力市场，也会导致女性平均相对工资上升④。我国在经济转型期间，性别工资差距的扩大已成了学界和整个社会关注的热点。对女性劳动参与率的分析，能使对性别工资差距的理解更为深刻。

第三，女性劳动参与会改变女性在家庭中的地位，即会对家庭内资源的分配以及家庭的消费模式产生影响。家庭内部决策的集体博弈模型指

---

① 蔡昉、王美艳：《中国城镇劳动参与率的变化及其政策含义》，《中国社会科学》2004 年第 4 期。

② 李实、[瑞典] 别雍·古斯塔夫森：《中国城镇职工收入的性别差异分析》，载赵人伟、李实和卡尔·李思勤主编《中国居民收入分配再研究》，中国财政经济出版社 1999 年版。

③ Blau, Francine, D., "Trends in the Well-Being of American Women, 1970—1985", *Journal of Economic Literature*, 1998, 36 (1): 112—165.

④ Hunt, Jennifer, "The Transition in Eastern Germany: When Is Ten-Point Fall in the Gender Wage Gap Bad News?", *Journal of Labor Economics*, 2002, 20 (1): 148—169.

出，家庭中不同成员有不同的偏好，各项家庭决策的博弈均衡解是通过博弈过程实现的。博弈力量取决于个人的收入水平。女性更多地参与市场劳动，会导致女性有更高的收入，在家庭中也就更能够实现有利于自己的分配方式①。对女性劳动参与行为的分析，有助于理解女性家庭地位和社会地位的变化。

第四，女性劳动参与能够在很大程度上提高家庭的总收入水平，家庭是否处于贫困线以下，与女性是否参与社会劳动密切相关。就我国情况而言，20世纪90年代中期以来，有较大比例的女性劳动者下岗或者失业，即使在岗女性劳动者的收入相对男性也不断下降。城市劳动妇女正成为劳动力市场的一个弱势群体和城镇贫困人口的一个来源。改善妇女的劳动参与状况，进而提高家庭收入，有利于缓解城市贫困。

总之，女性社会和经济地位的变化是我国经济转型中不同社会阶层变化的缩影。从社会性别角度研究劳动供给行为，不仅对我国劳动力供给研究、社会阶层结构研究，以及劳动力市场变迁研究有十分重要的学术价值，而且对我国社会发展政策的调整和完善有非常重要的现实意义。

第五节　本书的创新性和局限性

一、本书的创新之处

本书在理论分析和实证研究的基础上，试图在以下几个方面有所创新。

第一，本书选题新颖独特。经济转型对劳动力市场，尤其是女性劳动力市场造成了巨大冲击。城市劳动妇女正在成为劳动力市场的一个弱势群体和城镇贫困人口的重要来源。解决女性失业和贫困问题，以及防止两性不平等的扩大，已成了当务之急。对女性劳动供给行为进行分析可为相关政策的制定提供微观基础。而国内对该课题尚缺乏全面深入的细致分析。本书首次从经济学的角度，对我国城镇女性的劳动供给行为模式及其决定因素进行了系统的研究。

---

① Lundberg, Shelly and Robert A. Pollak, "Bargaining and Distribution in Marriage", *Journal of Economic Perspectives*, 1996, 10 (4): 139—158.

　　第二，本书首次应用计量经济学的分析方法，在微观层面上对我国城镇女性的个体劳动供给行为进行了实证分析，在对女性劳动参与进行了经验估计的基础上，对各影响因素的相对重要性和解释的合理性进行了经验上的探讨。在研究中，既注重对横截面数据的分析，又注重对多年的情况进行比较。此外，本书所采用的数据具有可靠性高、连续性强、样本量大的特征。全面翔实的数据为本书的研究提供了便利。

　　第三，已有的文献对女性劳动供给行为的分析或是建立在共同偏好模型基础上，或是建立在集体博弈模型基础上。转型国家经济发展和文化背景的特殊性决定了其与西方国家不同的劳动供给特征。然而几乎没有文献对转型国家中这两类模型的适用性进行检验。本书对此作出了初步的尝试，并发现虽然婚姻的稳定性在我国有所下降，但是就我国有小孩的家庭而言，婚姻的内聚力仍足以使稳定的家庭单一效用得以维系，共同偏好模型对解释我国这类家庭中的女性劳动供给行为而言仍然适用。

　　第四，本书首次对劳动供给行为中的性别差异进行了实证研究。研究结果表明，性别差异存在的原因，不仅仅是两性的个人特征存在差异，还由于劳动力市场对两性存在差别选择。性别不仅能对就业状况产生直接的影响，还能够通过其他变量，包括教育、小孩数、婚姻等变量，对就业状况的选择产生间接的影响。

　　第五，近期的研究表明，现实的劳动调节方式极其复杂，总需求的下降不仅表现为就业的减少，还表现为失业者的非经济活动化等诸多形式。本书通过实证研究，不仅证实了失望工人效应的存在，还首次验证了其中的性别差异，与男性相比，失望工人效应对女性劳动力的影响作用更加突出。

　　第六，劳动供给行为与就业体制安排之间存在着紧密的内在联系。随着计划经济向市场经济体制的转化，劳动供给决策权开始分散化，由劳动就业的计划决策向劳动者个人的自主决策转化。本书首次利用了大样本的混合横截面数据通过实证研究证实了：（1）经济转型中女性劳动供给的行为模式的确发生了改变；（2）女性劳动参与率的下降主要取决于女性劳动供给行为模式的转变，而不是丈夫收入等外生变量的变动。

二、本书的局限性

　　本书为分析我国女性劳动参与率的变动趋势及其决定因素作出了初步

的尝试。然而由于个人能力以及时间的限制，本书的研究仍存在着一定程度的局限性。

首先，生育在本书的实证研究中被视为外生变量，但事实上不仅生育行为影响了女性劳动参与，女性的劳动参与行为也影响了生育的时间选择，考虑到这一点，生育就成了内生变量。未来的研究必须考虑生育的内生性问题。

其次，教育对劳动供给的作用途径是复杂的。教育除了改变个体的收入赚得能力、改变个体的保留工资水平外，还能通过其他变量一起共同作用，从而对女性的劳动供给决策产生间接的影响，但本书在分析时仅考虑了教育的直接影响作用。如果能考虑到教育的间接作用，研究将更为全面。

再次，关于相关政策效果只作出了初步的评价，缺乏实证的支持。此外，关于提高女性经济福利水平的一些对策思路与措施也有待进一步具体化和操作化。

如何更完整地揭示经济转型中女性劳动供给的内在机理，仍需今后不断地学习和积累，进行更深入的研究。

第二章

女性劳动供给研究文献综述

针对女性劳动供给进行系统性的研究，始于 Mincer（1962）的开创性作品《已婚妇女的劳动力参与：关于劳动供给的一项研究》，在该文中 Mincer 发现女性劳动供给的时间序列和横截面数据之间存在着一种引人注目的矛盾：在横截面数据中，丈夫挣得与妻子劳动参与率之间存在着负相关关系，而在时间序列数据中，尽管美国的家庭实际收入存在着长期的增长，妇女的劳动参与率，尤其是已婚妇女的劳动参与率却连续增长[①]。这一矛盾引发了后来的大量分析。

总的来说，以共同偏好模型（Common Preference Model）和集体博弈模型（Collective Bargaining Model）为代表的家庭劳动供给模型，以及考虑了生命周期特征的动态劳动供给模型，分别为分析不同的劳动供给模式提供了理论框架，也为本书对转型国家 FLFPR 的分析提供了理论基础。微观经济计量技术的发展则为分析女性劳动供给提供了实证工具。

第一节 关于女性劳动供给理论研究的新进展

在对劳动供给行为进行分析时，最初采用的是个体劳动供给模型。该模型的基本思路与消费者行为理论相一致，理性行为人在消费和闲暇之间进行选择，进而也在消费和劳动供给之间进行权衡，以最大化自身效用。然而，就女性劳动供给而言，诸如婚姻、家庭、生育和职业特征等都会在

[①] Mincer, Jacob, "Labor Force Participation of Married Women", In: H. G. Lewis (ed) *Aspects of Labor Economics*, Princeton University Press (for NBER), 1962.

其劳动供给决策中起到不可忽视的作用，传统的个体劳动供给模型在处理这些变量时则显不足。研究表明，个体劳动供给模型仅适用于解释 20 世纪 60 年代以前男性劳动供给行为，却不足以解释已婚妇女的劳动供给行为在 20 世纪如此巨大的变动①。

沙文主义模型（Male Chauvinism Model）对个体劳动供给模型进行了一定的修正，分别定义了男性和女性的预算函数。模型假定妻子在进行劳动供给决策时，把丈夫的收入看成是财产收入或者说是非劳动收入，而丈夫在进行劳动供给决策时，依据的仅仅是自己的工资和家庭的实际非劳动收入，完全不考虑妻子的劳动供给情况。沙文主义模型与个人劳动供给模型的唯一区别是，妻子的劳动供给决策中所依据的财产收入，既包括了家庭的非劳动所得，也包括了丈夫的劳动收入。这种模型单纯以性别作为劳动供给决策方式的区分依据，而现实却往往不是这样。事实上，丈夫和妻子收入的相关性已经变得越来越大，丈夫的劳动供给决策与妻子的劳动供给行为相互影响。任何一个家庭成员的劳动供给决策，不可能独立于家庭其他成员的劳动供给行为而独立进行。

鉴于个人劳动供给模型和沙文主义模型的不足，有很多模型都将家庭背景纳入了对家庭双方成员的劳动供给分析的框架，从而逐渐形成了家庭劳动供给模型。这类模型大体包括以下两类：共同偏好模型以及集体博弈模型②。近年来理论的发展主要体现在对集体博弈模型的运用和扩展上。

一、共同偏好模型的扩展

共同偏好模型（Common Preference Model），即传统的新古典框架下的家庭劳动供给模型。该模型假定家庭是单一的决策单位，家庭成员均认可一个单一的家庭效用函数，家庭中每个成员的劳动供给行为，都是家庭的联合预算约束以及自身的时间约束条件下，极大化这个单一的家庭效用函数的结果。共同偏好模型沿用了个体劳动供给模型的很多假设，如：对称性、规模转换不变性等。许多个体劳动供给模型中的分析方法都可以直接

① Lundberg, Shelly and Robert A. Pollak, "Bargaining and Distribution in Marriage", *Journal of Economic Perspectives*, 1996, 10 (4)：139—158.

② Killingsworth, M. R. and J. J. Heckman, "Female Labor Supply：A Survey", in：Ashenfelter, O. and R. Layard (ed.), *Handbook of Labor Economics*, 1986, 1：103—204.

运用过来，因此运用上比较简单。共同偏好模型对个体劳动供给模型的发展主要体现在两个方面。第一个方面：对有关决策单位的假定进行了修正。个体劳动供给模型将劳动者个人视为单一的决策单位，不考虑家庭其他成员的影响；而共同偏好模型则假定家庭是单一的决策单位，家庭中每个成员的劳动供给行为都是联合决策的结果。第二个方面：对有关效用函数的假定进行了修正。共同偏好模型是建立在单一的家庭效用函数基础上的，家庭成员的决策是家庭效用函数极大化的结果。共同偏好模型效用函数和约束函数可分别表示为：

$$U = U\ (L_1,\ L_2,\ \cdots,\ L_m,\ C)$$
$$PC \leq R + \sum W_i H_i$$
$$H_i + L_i = T$$

L_i 指的是家庭的第 i 个成员用于闲暇的时间，C 指的是家庭的消费商品。预算约束可表示成外生的收入 R 和 m 个成员的工作所得之和。P 指的是单位商品的价格，R 是外生的收入，比方说家庭得到的遗产或者馈赠，W_i 和 H_i 指的是家庭成员 i 的工资和工作时间，T 指的是每个人可分配于消费和闲暇的总时间。

　　与个体劳动供给函数相比，单一决策单位和单一效用函数的假定，更符合现实中个体劳动供给会受到家庭背景的影响这一事实。然而，这同时会产生以下问题：既然家庭是由偏好不同的个体组成的，那么家庭成员又是如何达成共识从而形成稳定的联合效用呢？两个经济人的共同偏好又是如何达成的呢？共同偏好框架内，对此的解释可分为三类。

　　第一种是"户主（family head）论"。这种解释简单地认为，家庭劳动供给的决策权限集中在户主一人身上，家庭中其他成员都选择无条件地服从户主的决定。因此户主论反映的实际上是户主个人的偏好。然而如果对此进行继续追问：户主是怎样选出来的？当家庭其他成员的偏好与户主的偏好存在重大区别时，其他成员为什么必须要听从户主的决定呢？户主论没有能够回答这些问题。

　　第二种是"一致同意模型"（Consensus Model）。该模型假定，家庭成员都有各自独立的效用函数，成员们的个人效用总和组成了社会福利函数，这就是家庭联合效用函数的形成方式。家庭内部决策类似于一个社会选择的过程，家庭成员通过达成一致的意见，来实现统一决策和家庭效用的极大化①。然而社会福利函数的存在需要满足一系列的严格条件。很难论证清楚家庭中是否能满足这些条件，来达成一致的家庭联合效用函数。

第三种是"利他主义模型"（Altruist Model）。利他主义模型可以说是"户主论"的深化。该模型假定户主是一位利他主义者，其效用既来自于自己的消费和闲暇，也同时来自于家庭其他成员的效用满足程度。这时家庭效用函数就体现为这位利他主义户主的效用。家庭的统一决策也由其做出。户主通过家庭内资源的转移，来最大化家庭产出②。与初期的户主论和社会选择模型相比，利他主义的户主模型至少解释了单一决策是怎样形成的。家庭成员通过资源的转移，减少了成员间不同效用函数的冲突，从而使家庭联合效用的存在成为可能。然而，这种模型也面临着来自现实的挑战：即使户主对家庭其他成员有足够的关心，也愿意转让资源来提高其他成员的效用，这也不能保证户主自身的效应能够实现最大化。因此，互相关心和家庭内资源的转移，并不足以保证"消除掉不同家庭成员效用函数之间的冲突"③。家庭成员就有充分的理由怀疑：服从家庭效用函数，是否也能够达到他自己潜在效用的最大化。而如果不能实现的话，成员之间效用函数的冲突也就随之而来了。

尽管在如何达成单一的稳定的家庭效用函数方面，共同偏好模型显得有所不足，但是由于其直观性和简便性，因此在分析女性劳动供给行为时共同偏好模型得到了广泛的应用，并在其自身框架内得到了不断的扩展和完善。在共同偏好框架内，最突出的进展体现为时间分配从"两分法"到"三分法"的拓展。

传统劳动供给研究中，采用的最多的是 Robbins 闲暇—市场工作两分法的研究方式。消费者效用最大化既取决于市场上购买到的商品和服务，同时也取决于可用于闲暇的时间。然而这一分析方法忽视了家庭劳动。Mincer（1962）首次指出，在非市场活动中，必须对闲暇和家庭劳动进行

① Samuelson, Paul, A., "Social Indifference Curves", *Quarterly Journal of Economics*, 1956, 70 (1): 1—22.

② Becker, Gary, S., "Altruism, Egoism, and Genetic Fitness: Economics and Sociobiology", *Journal of Economic Literature*, 1976, 14: 817—826.

③ Bergstrom, T., "Remarks on Public Goods Theory and the Economics of the Family", unpublished manuscript, Department of Economics, University of Michigan, Ann Arbor, Michigan, 1984.

区分。其中家庭劳动既包括了生育行为，又包括了家务劳动[1]。一般来说，家庭工作时间和闲暇时间在理论上的区别是，家庭工作的产出有较强的市场替代性，即如果成本足够小的情况下会愿意让市场商品来替代；而闲暇则在市场上几乎找不到替代品。家庭劳动和市场劳动之间的区别则在于，前者被内在化于婚姻契约中，是没有明晰的报酬的。

Gronau（1977）随后验证了闲暇—家庭生产—市场工作三分法的必要性。之所以必须要在非市场工作中对闲暇和家庭生产进行区分，原因有二。第一，在经济分析中闲暇和家庭生产这两种非市场工作时间对教育、工资率、收入等社会经济变量的变化所作出的反应是不同的。第二，这两种时间投入的相对价格并不是常数，两种组合方式的不同会影响产出价格[2]。实证研究结果也表明，非工资收入的增加将会减少妻子家庭工作时间，而增加妻子用于闲暇的时间；对照之下，小孩人数的增多将增加妻子用于家庭工作的时间，而减少妻子用于闲暇的时间。因此有必要对这两种时间加以区分。

家庭效用函数被定义为 U，消费物品被定义为 C，闲暇被定义为 L，于是有

$$U = f(C, L) \tag{1}$$

U 要满足以下假定：

$$\frac{\partial U}{\partial C} > 0 \; ; \frac{\partial U}{\partial L} > 0 \tag{2}$$

从消费品 C 的来源来说，它既可能是从市场购买所得（C_M），也有可能是由家庭生产所得（C_H），在 C 总量不变的情况下，改变 C 的构成并不会导致 U 的变动，即：

$$C = C_M + C_H \tag{3}$$

为简化分析，假设家庭所生产物品 C_H 的数量只取决于家庭成员用于家庭生产的时间（H）和家庭生产技术，而不再需要从市场购买商品的投资，于是有

$$C_H = g(H) \tag{4}$$

---

[1]　Mincer, Jacob, "Labor Force Participation of Married Women", In: H. G. Lewis (ed) *Aspects of Labor Economics*, Princeton University Press (for NBER), 1962.

[2]　Gronau, Reuben, "Leisure, Home Production, and Work-the Theory of the Allocation of Time Revisited", *The Journal of Political Economy*, 1977, 85 (6): 1099—1124.

（4）式符合边际产出递减原则，

$$g' > 0 , g'' < 0 \qquad\qquad (5)$$

C_M 的数量取决于消费品的价格（p）、家庭成员用于市场工作的时间（N）、单位小时工资率（W）和家庭的非工资收入（V），即：

$$pC_M = WN + V \qquad\qquad (6)$$

家庭成员用于闲暇（L）、家庭生产（H）、市场工作（N）的时间受到时间总量的约束，即

$$T = L + H + N \qquad\qquad (7)$$

为寻求内部最优解，先做拉格朗日函数：

$$G = f[g(H) + C_M , L] + \mu(WN + V - pC_M) + \lambda(T - L - H - N)$$
$$\qquad\qquad (8)$$

内部最优解的必要条件就是家庭生产的边际产品与消费品和消费时间的边际替代率相等，也与时间的实际影子价格 W^*/p 相等，即：

$$\frac{f'_L}{f'_C} = g' = \frac{W^*}{p} \qquad\qquad (9)$$

家庭成员市场工作时间大于零时，影子工资也与市场工资相等，即：

$$\frac{f'_L}{f'_C} = g' = \frac{W^*}{p} = \frac{W}{p} \qquad\qquad (10)$$

存在一种可能，工资率低于家庭生产的边际产品，此时家庭选择不参与社会劳动，即：

$$\frac{f'_L}{f'_C} = g' = \frac{W^*}{p} > \frac{W}{p} \qquad\qquad (11)$$

不妨借助下图（见图 2-1）对以上时间配置原则加以说明。TACE 是家庭生产函数曲线，用于家庭生产的时间以距 T 的距离表示。用于闲暇的时间以距 O 点的距离表示。家庭总时间中扣除这两部分后剩余的即为用于市场工作的时间。U_1 和 U_1' 是两条不同偏好的无差异曲线。

在缺乏市场机会的情况下，TACE 即为家庭最大可能产出曲线，依据最大化原理，家庭成员的时间分配点应该在 A 点，即 TACE 曲线和无差异曲线 U_1 的交点。这时用于市场工作的时间为 0，用于闲暇的时间为 OL_1，用于家庭生产的时间为 L_1T。

当家庭成员能够在劳动力市场上获得工作，并得到大于家庭边际生产力的工资水平时，此时家庭成员能够用市场商品替代家庭生产物品，家庭

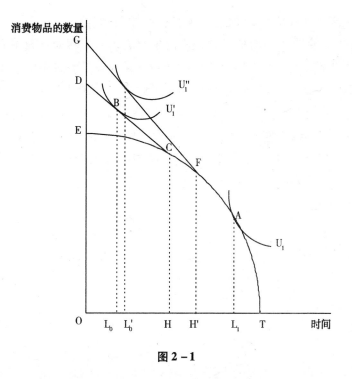

图 2 - 1

最大可能产出线就扩展成了 TACD，其中 CD 为用于经济活动的边际福利线，其斜率为单位小时工资率。这时家庭成员的时间分配点有两种情况。第一种情况下，家庭成员的偏好为商品密集型 U_1'，TACD 曲线与无差异曲线 U_1' 交于 B 点，于是家庭成员的时间就被分为了三个部分：OL_0 用于闲暇，L_0H 用于市场工作，HT 用于家庭生产。第二种情况下，家庭成员的偏好为闲暇密集型 U_1，于是家庭成员的时间分配点仍为 A 点（OL_1 为闲暇时间，L_1T 为家庭生产时间）。

市场工资率的提高将改变经济活动边际福利线的斜率，而不会改变家庭生产曲线的形状和位置。于是随着市场工资率的提高，家庭最大可能产出曲线变为 TAFG，将带来两方面的效果（见图 2 - 1）。第一，工资率的上升将降低家庭生产的利润性，于是家庭成员将用于家庭生产的时间从 HT 减至了 H'T；第二，工资率的上升使家庭收入增加，对闲暇的消费随之从 OL_0 增至了 OL_0'。于是就参与市场经济活动的家庭成员而言，市场工作的时间将从 L_0H 变为 $L_0'H'$，其净变化要取决于家庭生产时间和闲暇时间的相对变动程度。而就闲暇偏好型的家庭成员而言，如果市场工资率的提高仍不足以抵消工作时间侵占闲暇时间所带来的负效用的话，那么家庭成员仍然只在闲暇和家庭生产之间进行时间的配置。

家庭非工资收入的增加将导致家庭生产曲线向上移动，而不会改变市场工资率和家庭生产曲线的形状。于是随着家庭非工资收入的增加，家庭最大可能产出曲线从 TACD 移动至了 TIA′C′D′（见图 2-2）。就商品偏好型的家庭成员而言，其家庭工作时间将保持不变，仍为 HT，而由于收入效应，将导致闲暇时间从 OL_0 增至 OL_0'，市场工作时间则从 L_0H 减至了 $L_0'H$。就闲暇偏好型的家庭成员而言，其闲暇时间同样由于收入效应而由 OL_1 增至 OL_1'，家庭生产时间则由 L_1T 减至了 $L_1'T$。

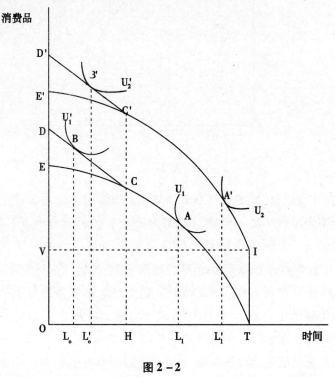

图 2-2

在劳动供给的实证研究中发现，工资的增长仅会略微地降低男性的劳动供给，而会显著增加女性的劳动供给[1]。为什么替代效用对于妻子要比对于他们的丈夫高出这么多？Mincer 用丈夫和妻子非市场活动的差别来对此进行解释。在他看来，丈夫多从事全日制的市场活动，这使他们非市场

---

[1] Mincer, Jacob, "Labor Force Participation of Married Women", In: H. G. Lewis (ed) *Aspects of Labor Economics*, Princeton University Press (for NBER), 1962.

活动时间很少，且主要用于闲暇。而对于妻子而言，家庭生产是其从事的主要非市场活动，这种活动对于市场工作的替代性要比对闲暇的替代性大得多。因此就不难理解为什么女性的劳动供给工资弹性要大于男性了。此外与两分法相比，一些变量通过三分法处理起来更为容易和直观。比方说，微波炉、洗碗机、冰箱等家庭技术的改善，可以通过改变家庭生产函数，来间接影响劳动供给行为。Rupert、Rogerson、Wright（2000）的研究正是沿用这一思路，验证了家庭生产和市场劳动之间的替代关系，以及家庭生产技术的提高对女性劳动供给的促进作用。[①] "三分法"的不足之处在于，在某些情况下很难区分闲暇和家庭生产。例如，陪同小孩玩耍，这究竟该算作闲暇，还是算作家庭生产呢？这就给定量研究带来了一定的困难。

运用新古典框架内家庭劳动供给的共同偏好模型能够很简便地分析丈夫、妻子和孩子的工资是如何影响女性的劳动供给和生育行为的，然而其假设前提所具有的局限性却导致共同偏好模型难以避免以下问题。

首先，消费被假定为公共商品。而事实上，家庭总消费水平不变时，与消费更多的服装相比，消费更多的烟草会给丈夫带来更大的效用。反过来则妻子的效用会提高。于是共同偏好模型更适用于分析家庭"公共产品"的消费，如光和热等；而并不适用于对"私人产品"的消费进行分析，如食品、服装和娱乐等。

其次，共同偏好模型建立在联合预算约束的前提假定基础上，联合预算约束意味着，价格不变时，当且仅当家庭总收入发生变动时，家庭成员面临的预算线才会移动，家庭的消费也才会随之改变。然而，大量实证研究也表明，在控制了家庭总收入水平的情况下，丈夫和妻子外生收入结构的改变，也会改变家庭的需求方式[②]。即收入总量不变而外生收入构成改变时，也会影响家庭对商品和闲暇的消费模式。此外，就非劳动参与者而言，在市场工资小于保留工资的范围内时，其潜在市场工资的微小变动是

---

①　Rupert，Peter and Rogerson，Richard and Wright，Randall，"Homework in Labor Economics：Household Production and Intertemporal Substitution"，*Journal of Monetary Economics*，2000，46：557—579.

②　McElroy，Marjorie，B. and Horney，Mary，J.，"Nash-Bargained Household Decisions：Toward a Generalization of the Theory of Demand"，*International Economic Review*，1981，22（2）：333—349.

不会影响其劳动供给模式的。这在"联合预算约束"的假设下就意味着，非劳动参与者的"外部选择"不会影响到家庭内的消费方式。后来的很多家庭劳动供给的博弈模型都对此进行了批判①②。

再次，共同偏好模型强调边际分析的方法，个人在家务劳动和市场劳动的边际产出相等时，效用实现最大化，时间配置实现最优化。然而研究却表明，即使市场工资低于家务劳动的影子价格，仍有很多妇女坚持从事市场劳动③。这说明，个人并不完全依据工资的边际变动，来调整自己的劳动供给。

最后，随着离婚率的上升，家庭破裂的可能性越来越大，家庭成员的劳动供给必然受到影响。Michael（1985）通过实证研究发现，女性劳动参与率受到了滞后的离婚率的影响，并且其影响作用是显著的④。共同偏好模型只能在家庭稳定的条件下分析劳动供给，而不能检验家庭结构变动时，劳动供给会有怎样的改变。由于不同文化背景下家庭功能具有多样性，并且家庭功能也正随着时间推移而逐渐改变，因此单一的家庭联合效用受到了越来越多的经济学家的质疑。家庭内部决策的集体博弈模型则考虑到了可分离的家庭效用函数，在分析女性劳动供给行为时，这一新的分析框架已逐步取代了新古典的分析框架。

二、家庭内部决策的集体博弈模型的应用

虽然基于家庭联合效用函数的时间配置模型由于其简便性而应用广泛，但是家庭具有统一的效用函数，这一假设前提的现实性却值得怀疑。如果考虑到家庭成员具有不同的效用函数的话，那么当效用函数发生冲突时，家庭又是如何进行时间配置和劳动供给的有关决策呢？并且如果说家庭合作可以使每个家庭成员都受益，家庭成员合作收益大于非合作收益的

---

① Blundell, R. and MaCurdy, T., "Labor Supply: a Review of Alternative Approaches", in: Ashenfelter, O. and D. Card (ed.): *Handbook of Labor Economics*, 1999, 3: 1559—1695.

② Attanasio, Orazio and Berloffa, Gabriella and Blundell, Richard and Preston, Ian, "From Earnings Inequality to Consumption Inequality", *Economic Journal*, 2002, 112: 52—59.

③ Lehrer, E. L. and M. Nerlove, "The Labor Supply and Fertility Behavior of Married Women: A Three-Period Model", *Research in Population Economics*, 1981, 3: 123—145.

④ Michael, Robert, "Consequences of the Rise in Female Labor Force Participation Rates: Questions and Probes", *Journal of Labor Economics*, 1985, 3: 117—146.

话，那么家庭的合作收益又是如何在家庭成员之间进行分配呢？基于个人独立效用函数的家庭劳动供给的集体博弈模型正是试图进一步打开家庭内部决策这个"黑箱"，揭示家庭内部决策的真实过程。

在模拟家庭内部决策方面，博弈理论已经取代传统理论成为主导的方法。劳动供给理论也从传统的共同偏好模型发展成为家庭劳动供给的集体博弈模型。集体博弈模型认为，家庭成员通过谈判来实现劳动供给和消费分配的最终结果，而谈判则建立在家庭成员个人相对的谈判力量基础上。根据分析方法的不同，家庭劳动供给的集体博弈模型可细化为合作博弈模型和非合作博弈模型。

合作博弈模型最初由 Manser-Brown（1980）和 McElroy-Horney（1981）提出[1][2]，后由 Chiappori（1988），Chiappori、Fortin、Lacroix（2002）[3][4] 等将其逐步发展和完善。合作博弈理论运用的是纳什议价的有关方法（Nash Bargaining），其前提假定是：家庭决策是帕雷托最优的，且信息是完全的。纳什合作博弈模型的目标是实现家庭联合效用最大化。与家庭共同偏好模型不同的是，集体博弈模型中的家庭联合效用是可分离的。家庭成员有各自独立的效用函数，家庭成员通过合作实现的收益扣除掉不合作所实现的冲突收益之后的剩余被定义为合作收益。家庭联合效用最大化，也就是家庭成员合作收益之积的最大化。

不同的合作博弈模型对冲突收益定义不同。"离婚威胁模型"是合作博弈模型中的一种，它将离婚后所能得到的收益视为冲突收益。由于长期从事家务劳动的妇女会同时面临一般性人力资本和企业专用性人力资本的折旧，因此她们潜在市场工资水平较低[5]，于是预期到家庭稳定性的下降

① Manser, M. and M. Brown, "Marriage and Household Decision-making: a Bargaining Analysis", *International Economic Review*, 1980, 21: 31—44.

② McElroy, Marjorie, B. and Horney, Mary, J., "Nash-Bargained Household Decisions: Toward a Generalization of the Theory of Demand", *International Economic Review*, 1981, 22 (2): 333—349.

③ Chiappori, Pierre-Andre, "Nash-Bargained Households Decisions: a comment", *International Economic Review*, 1988, 29: 791—796.

④ Chiappori, Pierre-Andre and Bernard Fortin and Guy Lacroix, "Marriage Market, Divorce Legislation, and Household Labor Supply", *Journal of Political Economy*, 2002, 110 (1): 37—72.

⑤ Mincer, Jocob and Ofek, Haim, "Interrupted Work Careers: Depreciation and Restoration of Human Capital", *Journal of Human Resources*, 1982, 17: 3—24.

和离婚率的上升后，理性的女性参与市场劳动的保留工资将会降低，其劳动参与概率将会上升，这可以作为女性用来提高冲突收益和家庭地位的手段，并为离婚所带来的经济损失提供一个保险机制。大量的研究都关注了离婚率是怎样影响女性劳动供给决策的。Johnson 和 Skinner（1986）通过实证分析发现，离婚率的上升，一方面迫使离婚妇女为了维持生活而进入劳动力市场，从而增加她们的劳动参与率①；另一方面通过离婚威胁，则提高了已婚妇女的劳动参与。Kristian Bolin（1994）对瑞士的研究结论表明：预期的离婚率对女性劳动参与率产生显著的影响②。此外，关于离婚的法律规定也影响婚姻契约的稳定性和家庭成员的冲突收益。如果离婚时法律更倾向于保护妇女权益，那么劳动供给行为和家庭决策行为也会随之改变③④。Peter（1986）和 Parkman（1992）的研究实际上都采用了这个思想。他们的研究都表明，在控制了离婚率的情况下，允许单方面离婚的州要比只同意双方面离婚的州有更高的女性劳动参与率，其中前一种情况中妇女在离婚时所得到的补偿要低于后者。⑤⑥ 性别比例（婚姻市场上男性和女性的相对供给）是影响保留收益的另一大指标。性别比例的提高会降低已婚妇女的劳动参与率和她们的工作时数⑦⑧。Angrist（2002）利用

---

① Johnson, William, R. and Skinner, Jonathan, "Labor Supply and Marital Separation", *American Economic Review*, 1986, 76（3）：455—469.

② Kristian Bolin, "The Marriage Contract and Efficient Rules for Spousal Support", *International Review of Law and Economics*, 1994, 14：493—502.

③ Chiappori, Pierre-Andre and Bernard Fortin and Guy Lacroix, "Marriage Market, Divorce Legislation, and Household Labor Supply", *Journal of Political Economy*, 2002, 110（1）：37—72.

④ Maurizio Mazzocco, "Household Intertemporal Behaviour: A coucetive characterization and a test of commitment", *Review of economic studies*, 2007, 74（3）：857—895.

⑤ Peters, H. Elizabeth, "Marriage and Divorce: Informational Constraints and Private Contracting", *American Economic Review*, 1986, 76：437—454.

⑥ Parkman, Allen, M., "Unilateral Divorce and Labor-force Participation Rate of Married Women, Revisited", *American Economic Review*, 1992, 82：671—678.

⑦ Grossbard - Shechtman. Shoshana, 1993, *On the Economics of Marriage- A Theory of Marriage, Labor, and Divorce*, Boulder：Westview Press.

⑧ Grossbard-Shechtman, Shoshana and Neideffer, Matthew, "Women's Hours of work and Marriage Market Imbalances", In：Inga Persson and Christina Jonung（ed.）, *Economics of The Family and Family Policies*, London, Routledge, 1997.

美国移民的有关数据也得出了类似的结论：性别比例的提高是导致女性移民的劳动参与率降低的重要因素。

　　然而，"在日复一日的家庭生活中，离婚并不是谈判过程中夫妻双方可选择的唯一威胁方式，并且离婚会带来较大的交易成本，在现实生活中也存在着很多不合作的婚姻，因此离婚威胁模型中对保留收益的设置过于狭隘"①。于是"半球模型"（separate-spheres model）就发展了起来。半球模型也属于合作博弈模型。与离婚威胁模型相比，半球模型的保留收益是在婚姻以内，即使家庭没有解散，也会有各种各样的因素影响配偶在家庭以外所能获得的机会，从而最终影响到家庭成员的博弈力量和家庭资源的最终分配②。以 Lundberg 和 Pollak（1993）提出的半球模型为例。模型中丈夫和妻子同样是通过纳什博弈过程来协调不同的效用函数，所不同的是，威胁点是婚姻中不合作所得到的低效率的均衡解。家庭成员自愿提供家庭公共产品，在其他成员行为给定的前提下，选择效用最大化的行动。非合作的婚姻对家庭成员而言可能要优于离婚。离婚只是家庭成员效用冲突的一个最终威胁点，而通过非合作的婚姻，家庭成员至少能从公共物品的消费中得到一部分分工收益③。内生威胁点的引入是个重要的理论突破。半球模型中，家庭需求在某些情况下不再取决于离婚情况下谁能获得多少收入，而是婚姻继存的状况下谁控制了多少收入④。于是如果财产制度只会影响家庭财产结构，而不会影响离婚后双方收益的话，那么更有利于女性的财产制度在半球模型中将影响家庭内资源的分配以及博弈的结果，而在离婚威胁模型中将对资源分配以及博弈结果都没有任何影响。Gray（1998）对半球模型进行了验证，他发现实行普通财产法的州的确要比实行共有财产法的州有更高的女性劳动参与率。其中，前者财产归名义

　　①　Lundberg, Shelly and Robert A. Pollak, "Noncooperative Bargaining Models of Marriage", American Economic Review, 1994, 84: 132—137.

　　②　Haddad, Laurence and Kanbur, Ravi, "Intrahousehold Inequality and Theory of Targeting", European Economic Review, 1992, 36: 372—378.

　　③　Lundberg, Shelly and Robert A. Pollak, "Separate Spheres Bargaining and the Marriage Market", Journal of Political Economy, 1993, 101 (6): 988—1010.

　　④　Newmark, David and Andrew Postlewaitel, "Relative Income Concerns and the Rise in Married Women's Employment", Journal of Public Economics, 1998, 70 (1): 157—183.

所有者拥有；后者财产是由家庭成员按一定比例共享①。而该财产制度并不会影响离婚后双方收益，因此在离婚威胁模型中难以理解的现象在半球模型中就得到了解释。

与共同偏好模型不同的是，作为合作博弈模型的离婚威胁模型和半球模型都定义了个人的可分离的效用，从而能更好地处理家庭中"私人物品"的消费问题。事实上，家庭总消费水平不变时，与消费更多的服装相比，消费更多的烟草会给丈夫带来更大的效用。于是共同偏好模型更适用于分析家庭"公共产品"的消费，如光和热等；而当家庭中存在着大量"私人物品"的消费时，如食品、服装和娱乐等，合作博弈模型则更为适用。此外，联合预算约束条件不再是合作博弈模型的必要条件。如果家庭收入结构发生变动会影响到威胁点的话，那么谁控制了多少家庭收入将影响博弈的结果。

合作博弈模型中另一大共同特征是其博弈结果是帕雷托最优的。与帕雷托最优解相对应的是分享规则（sharing rule）的存在。在分享规则下，家庭决策被分为两个阶段。第一阶段中，总家庭收入被分成两部分：公共物品和私人消费。第二阶段中，家庭成员将其能分享到的份额分配到私人消费的物品中去。并且由于家庭成员独立的收入来源对消费的影响渠道仅仅是该"分享规则"，因此无论收入来源如何，消费任何两种物品的边际消费倾向应该是相等的。Browning 等（1994）对加拿大和法国的家庭消费支出模型进行研究，验证了以上结论②，这和存在帕雷托最优解这一前提保持一致。

与合作博弈模型不同的是，现实生活中总存在着很多低效率的家庭行为，比方说，家庭暴力等。Udry（1996）发现，布基纳法索的农村家庭中丈夫和妻子都拥有各自独立的耕地，并且也一起拥有家庭共有的耕地。在帕雷托最优的家庭决策中，丈夫和妻子在每块耕地的边际产出应该是相等的。但是事实上，丈夫和妻子在各自独立的耕地上所花费的精力要比帕

---

① Gray, Jeffrey, S., "Divorce-Law Changes, Household Bargaining, and Married Women's Labor supply", *American Economic Review*, 1998, 88: 628—644.

② Browning, Martin and Bourguignon, Francois and Chiappori, Pierre-Andre and Lechene, Valerie, "Income and Outcomes: A Structural Model of Intrahousehold Allocation", *Journal of Political Economy*, 1994, 102 (6): 1067—1096.

雷托最优解大得多，而对公共耕地的努力则小于帕雷托最优解①。基于这一考虑，非合作博弈模型，放弃了合作博弈模型中信息完全、合约订立的低成本性和可行性等假设前提，帕雷托最优的家庭行为虽然仍可能存在，但是不再是必要的了。

以 Lundberg 和 Pollak（1994）提出的一个自愿提供家庭公共品的无限重复博弈模型为例。该模型运用的是非合作博弈的战略议价理论，放弃了联合预算约束假定，认为家庭成员是在各自独立的收入预算约束条件下最大化各自的效用。决定个人效用水平的是独立的私人物品消费和家庭公共品消费。家庭公共品的消费是家庭成员相互依赖的唯一体现。在博弈中，家庭成员惩罚对方的手段是减少所提供的公共品数量，保留效用是其他成员拒绝提供公共品时，他所得到的效用。一次性博弈会出现公共品供给不足，家庭决策效率低下的结果。但是如果婚姻关系可以持续，那么就可以通过无限重复的非合作博弈来实现帕雷托最优结果②。

非合作博弈的结果存在着多种可能性。历史和文化都可能影响非合作博弈的均衡解，进而影响到家庭内资源的分配。比方说，存在着这样一种家庭，家庭有两种公共物品，丈夫和妻子自愿选择提供多少公共物品的多少。假设完全的分工是有效率的。于是非合作博弈中可能的均衡解有：完全分工，丈夫提供公共物品 1，妻子提供公共物品 2；或者是丈夫和妻子合作提供同一种公共物品。其中前一种均衡是帕雷托最优的，而后者是低效率的。合作博弈模型的均衡解显然只是前者，而非合作博弈模型的均衡解却还可能是后者，这取决于丈夫和妻子个人拥有资源的多少，公共物品提供的角点解，等等。Lundberg 和 Pollak 在随后 2001 年的一篇关于对家庭选址问题的分析文章中，用了一个两阶段的婚姻和迁移非合作博弈模型，对家庭决策中的低效率问题进行了揭示③。

至今为止建立在博弈论基础上的集体博弈模型仍面临的一大难题是，

---

① Udry, C., " Gender, Agricultural Production, and the Theory of Household", *Journal of Political Economy*, 1996, 104（5）：1010—1038.

② Lundberg, Shelly and Robert A. Pollak, "Noncooperative Bargaining Models of Marriage", *American Economic Review*, 1994, 84：132—137.

③ Lundberg, Shelly and Robert A. Pollak, "Efficiency in Marriage", http：//www. nber. org/papers/w8642.

如何在该模型中处理家庭生产行为①。在传统的劳动供给模型中，效用被认为是不可分割的，于是家庭生产行为就不会直接影响到劳动供给函数，因为这里对家庭生产的处理实际上是和对闲暇的处理方式一样。而在集体博弈模型中，家庭成员的效用是分离的，因此除非家庭生产所产出的产品，是可以从市场上购买到的，并且家庭生产和市场生产是可以完全替代的，否则将无法对集体博弈模型的系数进行有效的估计②。而现实生活中，家庭生产的很多产品都不能通过市场购买来得到有效的替代，如对小孩的关心照顾等。这对博弈论的应用提出了挑战。

三、从静态研究到动态分析

所谓劳动供给的动态模型，实际上是将以上的共同偏好模型和集体博弈模型放到生命周期框架下考虑，当前最优的劳动供给决策必须同时也考虑到未来可能的变化，劳动供给行为的分析也就开始具备动态的特征。这类模型大体上也包括两种类型。第一类将工资视为外生变量，并从储蓄角度出发，认为过去的劳动供给行为会影响到储蓄的多少以及资产的积累，从而影响到今日的劳动供给决策；第二类将工资视为内生变量，并从人力资本投资的角度出发，是"边学边干"模型（learning by doing model）以及传统的人力资本模型的具体应用，其中当期积累的工作经验，以及过去所受的教育和培训，都会影响未来的工资。于是，工作经验、教育和培训以及工资在劳动供给模型中都被内生化，即个体会内生地选择人力资本投资方式和投资数量，并通过当前的投资行为而影响他们未来的工资增长。

Mincer 为第一类模型的提出做出了开拓性的工作。Killingsworth、Heckman（1986）和 Blundell、MaCurdy（1999）则将 Mincer 的思想模型化③④。传统静态模型与劳动供给的动态模型的一个重大区别就体现为，

① Chiappori, Pierre-Andre, "Introducing Household Production in Collective Models of Labor Supply", *Journal of Political Economy*, 1997, 105 (1): 191—209.

② Blundell, R. and MaCurdy, T., "Labor Supply: a Review of Alternative Approaches", in: Ashenfelter, O. and D. Card (ed.): *Handbook of Labor Economics*, 1999, 3: 1559—1695.

③ Killingsworth, M. R. and J. J. Heckman, "Female Labor Supply: A Survey", in: Ashenfelter, O. and R. Layard (ed.), *Handbook of Labor Economics*, 1986, 1: 103—204.

④ Blundell, R. and MaCurdy, T., "Labor Supply: a Review of Alternative Approaches", in: Ashenfelter, O. and D. Card (ed.): *Handbook of Labor Economics*, 1999, 3: 1559—1695.

前者的保留工资独立于自己当期的劳动供给行为，而后者各期的保留工资均为当期劳动供给的函数。于是在传统静态模型中，劳动参与与否只会受到市场工资和保留工资的影响，而不会反过来影响到保留工资或者是影子工资，并且今后的劳动参与决策也不会对当期的劳动供给行为产生影响；而在劳动供给的动态模型中，当期参与劳动意味着资产和储蓄的提高，于是就今后各期而言，保留工资都将增加，在市场工资不变的情况下，今后各期的劳动参与概率将随之降低，也就是说当期的劳动供给行为导致了今后各期劳动供给决策的改变。

第二类模型应用了"边学边干"模型和传统的人力资本模型。考虑到对未来工资的影响后，当期最优的劳动供给决策机制变得复杂起来。个体如果选择增加当前的工作努力程度，或者教育培训的投资，那么他从当前闲暇中所能得到的效用将降低，但是人力资本积累能够提高未来的生产力，进而提高未来的工资，那么他从未来提高的购买力中得到的效用将提高。个体必须在当前的和未来的这两种变动方向相反的效用之间进行权衡[1][2]。这也就意味着，仅用当前的工资，已不足以衡量工作的回报。Blundell（1999）将这类从经验资本的积累中所能得到的未来工资增长称为"动态租金"（dynamic rent）[3]。Lehrer 和 Nerlove（1981）发现一个奇怪的现象：当已婚妇女的市场工资低于她们在家照顾小孩的影子工资时，仍有部分已婚妇女坚持工作。这在传统的劳动供给理论中是难以理解的。而运用"动态租金"的概念，则不难对此加以解释：已婚妇女坚持参与市场劳动，可以保证其以经验形式存在的人力资本增值，以及获得更高的未来预期收入[4]。Olivetti（2006）认为，过去已婚妇女将小孩出生前几年的时间都用于家庭劳动上，这种时间配置方式不仅带来了这几年工资的损失，而且还会造成工作经验积累上的损失，于是随着对经验的回报率的上

① Shaw, K., "Life-cycle labor supply with human capital accumulation", *International Economic Review*, 1989, 30: 431—456.

② Altug, S. and Miller, R. A., "The Effect of Work Experience in Female Wages and Labor Supply", *The Review of Economic Studies*, 1998, 65: 45—85.

③ Blundell, R. and MaCurdy, T., "Labor Supply: a Review of Alternative Approaches", in: Ashenfelter, O. and D. Card (ed.): *Handbook of Labor Economics*, 1999, 3: 1559—1695.

④ Lehrer, E. L. and M. Nerlove, "The Labor Supply and Fertility Behavior of Married Women: A Three-Period Model", *Research in Population Economics*, 1981, 3: 123—145.

升，家庭劳动变得昂贵，这就是导致女性工作时间上升的原因①。由此可以看出，劳动供给的动态模型为工资、教育、培训等变量的内生性提供了理论上的依据。

在非合作博弈理论的战略性议价方法和人力资本的有关理论基础上，动态战略博弈模型也发展了起来，为解释妇女的过度教育和过度工作现象提供了另一种思路。Ott（1992）最先提出了一个两阶段的离婚威胁模型。这种模型中，家庭内部决策的博弈过程被分成了两阶段，第二阶段中家庭成员的外部选择不再是外生的了，而是由第一阶段的时间分配方式内生决定。即个人当期的劳动供给决策会影响其未来的冲突收益。成员间的相对博弈力量于是也直接取决于他们从前的时间配置方式，以及所带来的人力资本积累的存量。内生的保留收益表明，女性在做出自己的劳动供给决策时，考虑的不光是当前的工资收入和当前的家庭分工效率，还包括人力资本积累所带来的未来收入，以及未来在家庭中的博弈力量②。这就能解释为什么在最优时间配置的条件下，家庭中夫妻双方没有完全按照比较优势进行分工，以及为什么妻子的保留工资会下降，因而他们会越来越多地走向市场。

第二节 关于女性劳动供给实证研究的新进展

随着微观经济计量技术的进步，女性劳动供给研究在实证方面也取得了突破性的进展。

一、微观经济计量理论在女性劳动供给研究中的应用

Erika Schoenberg 和 Paul H. Douglas（1937）为劳动供给的实证研究做了先驱性的工作。此后这方面的实证研究成果不断地涌现。Mark T. Killingsworth（1983），Killingsworth、James J. Heckman（1986），Blundell、MaCurdy（1999）对有关文献进行了综述。迄今为止大多数的实证研究还是集中在对共同偏好模型的应用和验证上。根据研究对象以及所依

---

① Olivetti Claudia, "Changes in Women's Hours of Market Work: The Effect of Changing Returns to Experience", *Review of Economic Dynamics*, 2006, 9: 557—587.

② Ott, Notburga., *Intrafamily Bargaining and Household Decisions* (1ˢᵗ), New York: Springer, 1992.

据的经济理论，可以将有关实证研究划分为第一代研究、第二代研究和近期研究。

第一代研究从 20 世纪 30 年代延续到 20 世纪 70 年代。这一阶段的研究采用的计量方法是最小二乘法，并且依据的劳动供给函数形式并不直接来自效用函数。劳动供给时数的函数形式是 $H = wa + Xb + Rc + e$。第一阶段的研究有很多弊端，面临数据审查（censored）、数据截取（truncated）、限制因变量的处理，以及自选择（self-selection）、内生性（simultaneity）等问题。之所以面临数据审查问题，是因为无论是劳动供给时数，还是劳动参与率都不可能为负，并且总是有为数不少的个体劳动供给的观测值集中在零点。第一阶段过于简单的函数形式无法解决这一问题。数据截取意味着变量的衡量存在问题，就退出劳动力市场的女性而言，其劳动供给量的值为零，是可观测的，而这部分人的影子工资则无法观测，因此在运用第一阶段模型对全体人群进行分析时，必定有部分变量难以计量。如果将分析对象限于劳动参与人群的话，那么又会产生自选择问题。由于工作参与与否，是个人或家庭效用最大化的决策结果，所以工作参与人群与退出劳动力市场人群，这两组样本不可能是完全随机的，若仍采用传统的计量方法，就不可能提供无偏的估计。其主要原因是，除非参与者的工资和保留工资仅仅取决于那些可观测的变量，而且与任何不可观测的因素无关，否则参与者的劳动供给函数中的扰动项 e 就不会独立于其可观测的自变量 w、X 和 R。自变量和扰动项的相关性则导致了样本估计偏差。而由于相对于男性而言，劳动参与与否的问题，对女性更为重要，于是对审查数据、截取数据以及限制因变量和自选择问题的处理对研究女性劳动参与问题的重要性就更为突出了。

劳动供给的第二代研究开始于 20 世纪 70 年代中叶，是 Heckman 于 70 年代中期开创，又称赫克曼两阶段法，或是赫克曼修正法（Heckit Method）。Killingsworth（1983）[①]，Heckman、MaCurdy（1985）[②]，Wales、Woodland（1980）[③] 对此进行了详尽的论述。赫克曼两阶段法的第一步

---

① Killingsworth, M. R., *Labor Supply*, New York: Cambridge Univ. Press, 1983.

② Heckman, J. J. and MaCurdy, T. E., "A Simultaneous Equations Linear Probability Model", *Canadian Journal of Economics*, 1985, 18（1）: 28—37.

③ Wales, T. J. and Woodland, A. D., "Sample Selectivity and the Estimation of Labor Supply Functions", *International Economic Review*, 1980, 21（2）: 437—468.

是，用 probit 或是 habit 模型对工作参与概率进行估计，并计算出 λ 值；第二步，将 λ 值代入工作时数的计量模型中，矫正自选择问题。赫克曼两阶段法应用起来极为方便而且影响十分深远。这种计量模型较第一代的模型而言，更贴近劳动供给者的效用函数，能够同时处理劳动供给者"要不要工作"以及"每天要工作多少时间"两种决定。更重要的是，第二代劳动供给模型解决了第一代劳动供给计量模型所无法克服的自选择问题。此外，第二代的劳动供给模型中也包括各种审查模型以及离散因变量模型的应用。Ransom（1987）建立了一个二元的审查模型来考察家庭不同成员间劳动供给的替代程度①，其不足之处在于允许对工作小时数进行连续性的选择，并且没有考虑到小时工资数是内生的。Hoynes（1996）以及 Soest（1995）的研究则试图改善第一个不足之处，将这个二元的审查模型改进，并认为对工作小时数进行的选择只能是离散的②。

与第一代的模型相比，第二代研究更关注扰动项的作用。Heckman（1985）将扰动误差分成了偏好误差、预算约束误差和最优化误差③。其中偏好误差与效用函数相关，指的是不同个体之间效用函数（无差异曲线、边际替代率等）不可观测的区别。预算约束误差指的是个体之间预算约束的不可观测的区别。最优化误差与最优点自身相关，指的是最优点和实际数值之间的差距，或者是现实值与测量值之间的误差。比方说，由于失业或者天气原因，个人被迫提供较少的劳动；再如，对工作时数的测量误差等，这些都属于最优化误差。Heckman 对扰动项的区分，为后来的许多实证研究提供了方向。比方说，为了减少偏好误差的影响，Burtless、Hausman（1978）④，Hausman（1981）⑤ 采用了随机效用函数，假定工作

---

① Ransom, M. R., "An Empirical Model of Discrete and Continuous Choice in Family Labor Supply", *the Review of Economics and Statistics*, 1987, 59: 465—472.

② Soest, Van, A., "Discrete choice models of family labour supply", *Journal of Human Resources*, 1995, 30: 63—88.

③ Heckman, J. J. and MaCurdy, T. E., "A Simultaneous Equations Linear Probability Model", *Canadian Journal of Economics*, 1985, 18 (1): 28—37.

④ Burtless, G. and J. Hausman, "The Effect of Taxes on Labor Supply", *Journal of Political Economy*, 1978, 86: 1103—1130.

⑤ Hausman, J., "Labor Supply, How Taxes Affect Economic Behavior", in: H. Aaron and J. Pechman, eds., *Tax and the Economics*, Vol. 1 (North Holland, Amsterdam), 1981.

时数随外生收入变化的程度在人群中随机变动。在对预算约束进行分析时，许多研究则开始重视消费模式和税收的影响：不同的消费模式会导致不同的边际税率，因而即使税前工资和外生收入都相等，他们的税后预算约束也不同。

无论是第一代还是第二代的模型，其函数形式都有一个明确的定义，并且都进行了严格的假定以保证模型估计的准确性。比方说，probit 模型要求扰动项呈标准正态分布，Logit 模型对此则要求标准逻辑分布。虽然可采用各种各样的假设检验方式对此进行验证，但是如果检验结果不令人满意的话，并不能从中直接推出，原因究竟是由于假设不成立，还是由于对函数形式的定义本身就存在问题。于是近代的劳动供给实证研究主要体现在半参数估计法（Semiparametric method）与非参数估计法（non-parametric method）的发展上，其主要特征在于：放宽了对函数形式的假定。例如，Attanasio 和 MaCurdy（1997）在对工资弹性进行研究时，放宽了工资外生的约束条件，使审查模型一般化，并采用了半参数的方法来纠正非参与的问题，于是就不再需要假定正态分布或者是 Tobit 分布了。他们由此得出的结论是男性工资时数的工资弹性为负，而女性的则为正，并且要大于男性的绝对值，这表示女性的劳动供给曲线是向上倾斜的[1]。Afriat（1967）[2]、Varian（1982，1990，1993）[3][4][5]、Chiappori（1988）[6]、Cox

① Attanasio, O. P. and T. MaCurdy, "Interactions in household Labor Supply and Their Implications for the Impact of EITC", Mimeo, London: Stanford University, 1997.

② Afriat, S., "The Construction of Utility Functions from Expenditure Data", *International Economic Review*, 1967, 8: 67—77.

③ Varian, H., "The Nonparametric Approach to Demand Analysis", *Econometrica*, 1982, 50: 945—973.

④ Varian, H., "Goodness-of-fit in Optimizing Models", *Journal of Econometrics*, 1990, 46: 125—140.

⑤ Varian, H., "Goodness-of-fit for Revealed Preference Tests", Mimeo, Ann Arbor: University of Michigan, 1993.

⑥ Chiappori, Pierre-Andre, "Rational Household Labor Supply", *Econometrica*, 1988, 56: 63—90.

(1997)①、Snyder（2000）② 的研究中都运用了非参数估计法，不再对家庭效用函数以及博弈过程进行严格假定。由于不再建立在难以检验的假定基础上，因此非参数估计法更适用于验证家庭劳动供给的不同理论模型的实证结论是否具有一致性。

二、共同偏好模型和集体博弈模型的实证检验

虽然共同偏好模型由于其应用上的简便性而被广泛使用，但是其假设前提却并不一定能经受得起实证的检验③。在对共同偏好模型进行检验时，最常见的做法是对其共有收入约束（income pooling restrictions）进行验证：在外生的非工资收入水平保持一定的情况下，改变外生非工资收入在家庭成员中的所有权结构是不会影响家庭劳动供给和消费行为的。比方说，共同偏好模型中同样数量的遗产收入，无论是由妻子继承还是由丈夫继承，家庭对商品和闲暇的消费数量都会发生同样的改变。然而很多实证研究都拒绝接受这一假设④⑤。此外很多文献也发现，家庭劳动供给中补偿的交叉工资效用并不具有单一模型所要求的对称性，因此共同偏好模型的另一约束条件——Slutsky restrictions 也同样不能成立⑥⑦。

集体博弈模型为分析家庭背景下的劳动供给行为提供了另一个可行的框架。然而如何在实证上加以验证却是集体博弈模型所面临的一大难题。为攻克这一难题，经济学家们作出了艰苦卓绝的努力。Chiappori（1988）

---

①　Cox, J., "On Testing the Utility Hypothesis", *Economic Journal*, 1997, 107: 1054—1078.

②　Snyder, S., "Nonparametric Testable Restrictions of Household behaviour", *Southern Economic Journal*, 2000, 67: 171—185.

③　Alderman, Harold and Chiappori, Pierre-Andre and Haddad, Lawrence and Hoddinott, John and Kanbur, Ravi, "Unitary Versus Collective Models of The Household: Is It Time to Shift The Burden of Proof?", *The World Bank Research Observer*, 1995, 10 (1): 1—19.

④　Schultz, T. Paul, "Testing the Neoclassical Model of Family Labor Supply and Fertility", *The Journal of Human Resources*, 1990, 25 (4): 599—634.

⑤　Bernard Fortin, Guy Lacroix, "A Test of the Unitary and Collective models of Household Labor Supply", *The Economic Journal*, 1997, 107: 933—956.

⑥　Kooreman, Peter and Kapteyn, Arie, "A Disaggregated Analysis of the Allocation of Time within the Household", *Journal of Political Economy*, 1987, 95 (2): 223—249.

⑦　Schultz, T. Paul, "Testing the Neoclassical Model of Family Labor Supply and Fertility", *The Journal of Human Resources*, 1990, 25 (4): 599—634.

通过构建利他主义个人偏好基础上的集体博弈模型，推出了模型附加的一些非参数约束条件①。但是这些非参数约束条件却很难进行进一步的经验检验。Chiappori（1992）随后又通过构建利己主义个人偏好基础上集体博弈模型推出了一些参数约束条件，并将模型扩展到利他主义的个人偏好情况中，此时家庭成员的效用既取决于成员个人利己的效用，又取决于其他成员的效用②。于是在给出合适的家庭劳动供给非限制性函数形式的情况下，单一模型以及集体博弈模型都可以实现经验上的可证伪性了。这在实证研究上是一大突破，既可以对单一模型的共有收入等约束条件进行验证，又可以对两类模型的约束条件进行对比。但是这类模型并没有突破以往模型在某些隐含假定上的不现实性这一缺陷，因此在实证上的应用并不广泛。Fortin 和 Lacroix（1997）则通过建立家庭劳动供给的非线性函数形式推出了一系列单一模型和集体博弈模型的参数约束条件，并对加拿大的家庭劳动供给行为进行验证，研究表明单一模型的共有收入假说和补偿性交叉工资效应的对称性假说都不成立，而集体博弈模型中有关假说在加拿大没有小孩的家庭中却得到了验证③。该模型存在的问题是仅适用于双方成员都工作的家庭，不适用于对角点解的分析。原因在于在该模型中，按照家庭效用的分享规则，个人的工资可以通过改变其在家庭中的博弈地位，进而影响到家庭内资源的分配和个人的非工资收入，于是模型可能对应了很多可能的保留工资，在这些可能的保留工资的水平上个人选择工作或者选择不工作的效用是无差别的。Blundell 等（2007）进一步扩展了Chiappori 的模型，使其在考虑了角点解的存在、个人偏好的异质性等前提下，能够通过经验研究揭示出家庭成员个人的效用函数，以及家庭内资源的分配方式④。

① Chiappori, Pierre-Andre, "Nash-Bargained Households Decisions: a comment", *International Economic Review*, 1988, 29: 791—796.

② Chiappori, Pierre-Andre, "Collective Labor Supply and Welfare", *Journal of Political Economy*, 1992, 100: 437—467.

③ Bernard Fortin, Guy Lacroix, "A Test of the Unitary and Collective models of Household Labor Supply", *The Economic Journal*, 1997, 107: 933—956.

④ Blundell, R., Chiappori, P. A., Magnac, T. and Meghir, C., "Collective Labor Supply: Heterogeneity and Nonparticipation", *Review of Economic Studies*, 2007, 74 (2): 417—445.

第三节　本章小结

西方国家对女性劳动供给行为的理论研究历经了从对个体行为到家庭行为，从时间分配的"两分法"到"三分法"，从共同偏好到博弈过程，从静态到动态分析的成长历程。微观经济计量技术则为女性劳动供给行为的实证研究提供了有效的工具。中国作为转型中国家，历史文化背景和当前国情都和西方国家有明显区别。女性劳动力作为我国劳动力市场上不可或缺的重要组成部分，其劳动供给行为也具有不同于西方国家的具体特征。然而，目前我国从经济学视角对女性劳动供给研究的相关文献还相当少，理论和实证基础都显得十分薄弱。如何借鉴国外成熟的理论和实证方法来分析我国的具体情况，将是未来研究的重点所在。

第三章

我国城镇女性劳动供给
状况的历年回顾

经济转型为女性就业提供了机遇，也带来了挑战。大量关注女性经济地位和社会地位的文献都对经济转型中女性就业状况的变动进行了描述和分析。然而这些文献大都从劳动力需求角度出发，着重分析劳动力需求变动对女性就业的影响，分析的着眼点或者是性别工资差距的变动，或者是就业机会的变动，而忽视了对女性劳动供给行为变动的分析。事实上，那些影响劳动力需求的因素同时也在影响着劳动力在闲暇、市场劳动和家庭劳动之间的选择，劳动供给行为会随之发生变动。如果忽略了劳动供给的话，将无法正确理解劳动力市场上的很多现象。此外，女性劳动力是劳动力资源的重要组成部分，女性劳动力资源的合理利用，对国民经济的发展有重要影响。鉴于此，本章将在界定劳动参与率统计口径的基础上，从劳动供给角度对新中国成立以来女性劳动供给的变动趋势及其特征进行全面的描述。

纵观新中国成立以来城镇女性就业的发展历史，可以将我国女性劳动就业分为前后两个阶段：计划经济时期和经济转型期。体制的变革对我国城镇女性的经济参与程度、经济参与方式、社会经济地位，以及家庭性别分工模式都产生了复杂而深远的影响。

第一节 劳动参与率统计口径的界定

劳动参与率是衡量劳动供给的重要指标。然而目前这一指标在我国的统计工作中并没有引起充分的重视。即使是国外，不同国家的不同部门也会对各国劳动供给状况作出相差甚远的判断，其原因除了资料来源渠道不同外，统计口径是主要问题。本节拟对劳动参与率的统计口径作国际比较，随后对我国女性劳动参与率的计算方法加以界定。

一、劳动参与率统计口径的国际比较

依据国际劳工组织的分类方法，劳动年龄内的人可依据其就业状态被划分为以下三类：就业者、失业者和非经济活动者（见图 1 - 1）。对第一类人——就业者的识别，各国的标准比较统一，即过去的一周内是否从事了有偿工作。对第二类和第三类人——失业者和非经济活动者，ILO 在定义上的区分看似比较明确，即失业者除了目前没有工作外，还要满足以下两个条件：正在积极地寻找工作，并且能够立即到岗，但是在统计工作中对两者的区分却面临着一定的困难①②。

第一，怎样的行为才能属于"积极地寻找工作"呢？ILO 列出了以下一些可供参考的标准：（1）在就业或者职业介绍部门进行了登记；（2）向雇主提出工作申请；（3）到工作场所进行了工作搜寻；（4）有意识地寻找招聘广告，或者根据招聘广告的信息投递求职信；（5）向亲朋好友寻求帮助；（6）通过寻找地皮以及厂房设备，为本人创业作准备；（7）申请各类执照以便就业；（8）其他。然而实际情况纷繁复杂，远远超出了所列出的情况，在复杂的现实面前，看似清晰的定义变得非常含糊。比方说，存在着一类"沮丧的工人"（discouraged workers），从主观愿望上说他们希望能够拥有一份工作，因此这类人应归在失业者这一类，但是由于工作形式的严峻性导致他们对找到合适的工作不抱希望，因此这类人并没有在劳动力市场上进行工作搜寻，在统计上他们的工作愿望无法识别，他们又常常被划为非经济活动者。从理论上说，这部分人对劳动力市场仍有一定的附着程度，因为当工作搜寻变得容易时，这部分人将重新进入劳动力市场，因此可以被称为劳动力市场的"边际附着者"。考虑"边际附着者"对劳动参与率的统计具有重要影响③。在加拿大，边际附着者的数量占失业者数量的 1/4—1/3，如果将这部分人也纳入失业者的范畴的话，那么失业率将提高 25%—35%。类似的，纳入沮丧的工人后，

---

① Jones, Stephen R. G. and Riddell, W. Craig, "The Measurement of Unemployment: An Empirical Approach", *Econometrica*, 1999, 67 (1): 147—162.

② Riddell, W. Craig, "Measuring Unemployment and Structural Unemployment", *Canadian Public Policy*, 2000, XXVI: S101—S108.

③ 张车伟：《失业率定义的国际比较及中国城镇失业率》，《世界经济》2003 年第 5 期。

美国的失业率也将提高66%—75%[1]。再比如，在分割的劳动力市场中，对劳动力市场的分析模型中常涉及这样一类行为——等待性失业，即个体宁肯排队等待主要部门的工作，也不愿意接受次级部门的工作，即使次级部门的工作很容易获得，劳动者也不愿意屈就。这种等待，实际也是个人为得到满意的工作而付出努力的一种形式，表明了个人在给定工资水平下劳动参与的意愿，应该归于失业者。但是在统计中，由于他们往往没有工作搜寻的行为，因此通常被划作非经济活动者的范围。那么在这些特定的环境中，"等待"是否也可被视为工作搜寻的方式呢？这些特殊的行为导致了很多与此相关的争论[2][3]。ILO对此规定，那些"正准备开始一份新工作的人"无论在过去四周内是否进行了工作的搜寻，都应被视为失业者。欧盟和加拿大以及美国1994年以前完全遵循了ILO的规定。而美国1994年以后则规定，如果这部分人在过去的四周内积极寻找工作，那么他们才能被视为失业者，否则应被视为非经济活动者。此外，要为工作搜寻作出了多大的努力，才能归为失业者呢，这一点上也缺少可操作的标准。计量上的困难，导致了衡量口径的不一致性。各国在做统计工作时，都根据本国的具体情况而采取了有本国特色的定义。例如，美国将那些只在家阅读报纸上的招聘广告这类以消极方式来搜寻工作的人归为非经济活动者，而加拿大和许多OECD的国家则将他们也纳入了失业者的范畴[4][5]。再如，美国在1967年以前，加拿大在1975年以前把失望的工人归类于失业者，之后则划到了非经济活动者的类别中。

第二，什么叫作"能够立即到岗"呢？ILO并没有给出可供参考的时间段。各国则根据各自的理解对其作出了不同的规定。美国和加拿大认为

---

[1] Sorrentino, Constance, "International Unemployment Rates: How Comparable Are They?", *Monthly Labor Review*, 2000, 123 (6): 3—20.

[2] OECD, "On the Margin of the Labor Force: An Analysis of Discouraged Workers and other Non-participants", *Employment Outlook*, 1987, September: 142—170.

[3] OECD, "Supplementary Measures of Labour Market Slack", *Employment Outlook*, 1995, July: 43—49.

[4] Stein, R. L., "New Definitions for Employment and Unemployment", *Employment and Earnings*, 1967, 13: 3—27.

[5] Zagorsky, J. L., "The Effect of Definitional Differences on US and Canadian Unemployment Rates", *Canadian Business Economics*, 1996, 4: 13—21.

一周以内能够到岗都属于"能立即到岗"的范畴；而欧盟则认为参考周应该为两周。此外，美国还认为生病属于特殊情况，即使劳动者由于生病导致其在事实上不能立即到岗，但是在统计上也应算作劳动参与者。而加拿大则将除生病外的更多情况都归于特殊情况这一类，比方说，度假，以及家庭和个人事务，等等。

第三，全日制的学生究竟是属于就业者、失业者，还是属于退出劳动力市场者呢？根据 ILO 的区分标准，如果全日制的学生既积极地寻找了工作，又能够马上到岗，那么他们就应该属于失业者。然而不同国家则对此意见不一。欧盟采用了 ILO 的区分标准，美国则在 ILO 区分标准的基础上放松了"能够马上到岗"的规定，认为正寻求工作的全日制学生只要声称自己能够立即到岗，那么无论他们是否能够立即到岗，他们都属于失业者。加拿大将学生作为特殊群体，认为无论全日制学生是否正在寻找工作，也无论他们是否声称能够到岗，他们在事实上都是不可能到岗的，因此全日制的学生应属于退出劳动力市场者。

第四，家务劳动者又该划归哪类呢？对于家务劳动的性质，存在着很多争论。如果从是否领取报酬角度来看，家务劳动者应属于非就业者的范围；而如果从是否创造了价值的角度来看，随着家务劳动的市场化，家务劳动的价值正日趋为人们所认识，家务劳动者又应属于在业者。ILO、加拿大和欧盟将家务劳动者视为在业者。美国的标准则比较复杂，将每周市场工作时间少于 15 小时的不计报酬的家务劳动者视为非就业者，如果家务劳动者同时具备了"正积极寻找工作"，以及"能够到岗"这两个条件，那么他们属于失业者，反之为退出劳动力市场者。

第五，涉及暂时下岗人员时，该如何归类呢？ILO 认为，暂时下岗人员包括两种类型，一种和原工作仍保留着紧密的联系，比方说仍领取部分工资或者有明确的召回日期，那么他们就属于就业人员；反之如果和原工作联系已经变得非常微弱，并且在有新的工作机会时能够立即到岗，那么他们就属于失业者，这时对失业者的判断标准并不要求该劳动者有工作搜寻行为；如果该劳动者和原工作联系非常微弱，但是在有新的工作机会时并不能立即到岗，那么他们就属于非经济活动人员。欧盟则认为，由于季节性或者经济原因而暂时性下岗的人员属于就业者，由于其他原因暂时下岗的人员则属于非就业者；如果这些由于其他原因而下岗的非就业者采取了某种方式寻找工作并且能够立即到岗，那么他们就属于失业者，反之为非经济活动者。美国和加拿大的定义和ILO类似。

在定义劳动年龄人口时，ILO认为劳动年龄人口应该有一个年龄的下限，但是却没有对这一下限做出具体的定义。加拿大和欧盟以15岁为劳动年龄的下限。美国则以16岁作为下限。对劳动年龄下限定义的不同也导致了各国统计口径的不完全一致性。

对劳动参与界定的诸多差异导致了不同国家劳动参与率的相互比较存在困难。表3-1对ILO、欧盟、美国和加拿大劳动参与统计口径中存在的差别进行了归纳。

表3-1　　　　　　　　　　劳动参与统计口径的国际比较

	ILO	美国	加拿大	欧盟
沮丧的工人	非经济活动者	1967年之前：失业者；之后：非经济活动者	1975年之前：失业者；之后：非经济活动者	非经济活动者
通过消极方式（如阅读报纸等）寻找工作	非经济活动者	非经济活动者	失业者	失业者
等待性失业	失业者，过去四周内无须找工作	过去四周内找工作为失业者	失业者，过去四周内无须找工作	失业者，过去四周内无须找工作
立即到岗时间段	无	一周内能到岗	一周内能到岗	两周内能到岗
特殊情况仍属于立即到岗	无	生病	生病、度假、家庭和个人事务	无
全日制学生	积极寻找且能到岗：失业者	积极寻找且声称能到岗：失业者	非经济活动者	积极寻找且能到岗：失业者
每周计酬市场劳动小于15小时的家务劳动者	在业者	积极寻找且能到岗：失业者	在业者	在业者
暂时下岗人员	与原工作联系密切：在业者；联系微弱且能够到岗：失业者（无须工作搜寻）	类似于ILO	类似于ILO	季节性或暂时下岗属于在业者；其他原因下岗积极寻找且能到岗属于失业者
劳动年龄的下限	没定义	16岁	15岁	15岁

二、我国女性劳动参与率的计算方法

到目前为止，我国尚没有公开发布与国际接轨的女性劳动参与率数字。虽然国家统计局在各年的年鉴中都公布了各年经济活动人口数，但是公布出来的仅仅是经济活动人口的总数，而没有更详细的性别、年龄和教育程度特征，因此无法用来进行深入的分析。已有的一些研究（如陈钊等，2004）所采用的女性劳动参与率数值则是利用官方公布的就业人口、城镇登记失业人口以及女性人口比重等数值计算所得[①]，存在一定误差。统计口径的不同导致与其他国家的女性劳动参与率的比较存在困难。人口普查是全面系统了解劳动参与状况的另一条重要信息来源。但是人口普查每十年才进行一次，所普查到的数字很容易失去其时效性。

国家统计局城镇入户调查为研究提供了重要的信息渠道。在中国城市入户调查中，对被调查者的就业情况做出了以下分类：（1）国有经济单位职工；（2）城镇集体经济单位职工；（3）其他各种经济类型单位职工；（4）城镇个体或者私营企业主；（5）城镇个体或私营企业被雇者；（6）离退休再就业人员；（7）其他就业者（如保姆等）；（8）离退休人员；（9）丧失劳动能力者；（10）家务劳动者；（11）待业人员；（12）待分配者；（13）在校学生；（14）待升学者；（15）其他非就业者。并将（1）—（7）归为就业者；（8）—（15）归为非就业者。[②] 虽然调查中并没有直接给出劳动参与与否的判断，但根据国际通行标准，可界定如下：

第一，将劳动年龄的下限定为 16 岁，即计算出的女性劳动参与率为 16 岁以上（包括 16 岁）女性人口中经济活动人口所占比重。之所以定为 16 岁，一来是为了和国际接轨，二来是因为《中华人民共和国劳动法》明令禁止用人单位招用未满 16 岁的未成年人。

第二，由于统计中的"家务劳动者"特指在劳动年龄内，不打算就业，只在家庭从事家务劳动的人，他们没有就业倾向，因此可被视为非经济活动者。将没有就业倾向的家务劳动者视为非经济活动者，并不意味着就不承认家务劳动的价值，而是由于家务劳动和市场劳动的属性、获取报

---

①　陈钊、陆铭、吴桂英：《经济转型中的婚姻家庭与女性就业：对相关事实的经济学理解》，《中国社会科学评论》2004 年第 1 期。

②　1992 年之前国家统计局城调队对被调查者就业状况的分类方式有所不同，但仍可依据同样的方式对我国的劳动参与率进行计算。

酬的形式、监督的方式、对经济变量的反应方式和反应程度都不相同[①]，并且由于本书侧重于分析影响女性市场劳动参与行为的经济机制，因此在统计中作了以上的界定。

第三，由于我国全日制学生基本上不参与社会经济活动，1988年男生和女生中就业比重分别为4%和4.7%，1995年比重下降到了1.8%和1.7%。[②] 这意味着随着我国家庭收入的增加以及对人力资本投资重视程度的提升，家庭越来越要求子女认真读书，而不要求孩子对家庭的经济收入有所贡献。这一点与国外非常普遍的全日制学生在外打工、兼职现象大相径庭。因此在本书的计算中学生被计入了非经济活动人口。

第四，"下岗"在我国具有特殊性。在传统计划体制下，政府、企业与职工之间客观上存在着一种特殊的"信用"关系，一方面政府和企业通过低工资制对职工的劳动贡献进行了部分的留存，形成了一部分的国有资产积累；而另一方面政府和企业同时也对职工形成了一种事实上的终身就业承诺以及相关的养老、医疗保障承诺。然而随着经济结构调整和企业体制转化，国企冗员过多等问题开始凸显，国企必须通过精简人员来提高企业绩效。考虑到过去计划体制下这种特殊的"信用"关系，以及涉及人员规模之大，时间之集中，政府和企业不能采用直接失业的方法，而是选择了让职工离开工作岗位，同时保留与企业之间劳动合同关系的"下岗"方式。虽然下岗人员在生活保障和再就业途径上与其他的失业人员有一定区别，但是随着国有企业下岗职工基本生活保障制度逐步向失业保险制度的转化，下岗人员与其他非就业人员的劳动力市场特征逐步接近。因此我国的下岗人员同样可以依据其是否具有工作搜寻行为、是否能够立即到岗，来判断其是否属于失业者的行列。

第五，由于现今城镇经济活动人口已经发生了很大变化，劳动力迁移现象普遍，民工已经成为城镇劳动力供给的重要组成部分。依据户籍特征，国家统计局在城镇入户调查中随机抽中的被调查者可分为以下四类：

[①]　Bergmann, Barbara, R., "The Economic Risks of Being a Housewife", *American Economic Review*, 1981, 71（2）: 81—86.

[②]　该数据来源于CHIP（Chinese Household Income Project）1988年和1995年的调查，转引自Haizheng Li & Zax, 2003。

本市（县）非农业户口、本市（县）农业户口、外地非农业户口、外地农业户口。在计算城镇劳动参与率时，如果忽视了农业户口和外地户口的劳动力供给是显然不合适的。因此本书计算出来的城镇劳动参与率依据的是居住地标准，既考虑了城镇户口劳动力的经济活动，又考虑了居住在城市的农业户口劳动力的经济活动；同样还考虑了居住在本地的外来户口劳动力的经济活动。

根据中国城市入户调查统计指标的定义，并根据以上所作界定，被调查者可依据其就业状况被分为以下三类：（1）就业者，包括国有经济单位职工、城镇集体经济单位职工、其他各种经济类型单位职工、城镇个体或私营企业主、城镇个体或私营被雇者、离退休再就业人员，以及其他就业者（如保姆等）；（2）失业者，包括待业人员和待分配者；（3）非经济活动人员，包括离退休人员、丧失劳动能力者、家务劳动者、在校学生、待升学者和其他非就业人员。

第二节　计划经济时期女性劳动供给状况的变动(1949—1978)

总的来说，计划经济时期女性劳动参与的主要特征是，女性就业权利得到了保障，女性在劳动力市场上的地位不断提高并得到巩固。最突出的表现是女性经济参与程度不断提高；女性就业的行业职业领域也不断得到拓展。

一、经济参与程度的提高

随着计划经济体制的建立，女性经济参与水平得到了不断的提高。依据当时的经济背景，又可以将女性经济参与水平的变动依次分为以下四个子阶段。

第一个子阶段为1949—1957年，这一阶段女性劳动参与迅猛起步，其特征是参加工作是城市女性力求实现的目标和权利，女性经济参与水平开始持续上升。1949年新中国成立伊始，女性就业的比重并不高，我国全民所有制企业中女工所占比重仅为7.5%。1949年我国通过了具有临时宪法地位的《共同纲领》，妇女被赋予包括经济权利在内的各种平等权利。许多妇女开始参与社会劳动，成为新中国的建设者。并且由于新中国成立初期我国效仿苏联选择了优先发展重工业的道路，发展重工业需要大规模的经济建设，于是在资金奇缺的条件下，政府通过行政手段控制物资和劳动力的价格，以求得到廉价的物资和劳动力。劳动力的极其廉价导致了对劳动力需求的无限增长。在这种背景下政府采用了各种手段尽可能地调动了劳动力资源，包括女性劳动力资源。比方说，1953 年中国妇女第二次全国代表大会上通过的《关于今后全国妇女运动任务的决议》中就指出：“我们国家已经进入一个新的历史时期，有计划的国家建设已经开始，在此时期妇女运动的中心任务是继续教育、发动和组织广大妇女群众，参加并搞好工、农业生产和祖国各方面的建设，充分发挥应有的作用。”对女性劳动力资源的大规模动员，导致了妇女就业人数的大规模增加，到 1957 年年底，我国全民所有制企业中女工所占比重已经从新中国成立初期的 7.5% 增长到了 13.4%。

1958—1960 年为第二个子阶段，在“大跃进”的背景下，城镇职工人数迅速增加，绝大多数的城市职工家属和其他家庭妇女都被发动和组织起来进入社会生产岗位，全民所有制企业中女工人数从 1957 年的 328.6 万人增加到了 1960 年的 1008.7 万人，增加了两倍多，所占比重也剧增到了 1960 年的 20%，3 年期间增长了 6.6 个百分点，增长速度远远大于男工。

1961—1963 年是我国三年经济困难时期，为第三阶段，其间我国全民所有制企业中女工人数有所下降，但是所占比重却大致保持不变。

1966—1976 年是我国的“文化大革命”时期，是第四个子阶段。由于“文化大革命”期间的数据缺失，本书通过将“文化大革命”开始的前一年，即 1965 年，以及结束的后一年，即 1977 年的数据进行对比，来反映这一期间女性劳动参与水平的变动。在这一阶段中，出于体现“社会主义优越性”的目标，政府以“上山下乡”的办法来实现“提高妇女就业率”，大批城市新增劳动力作为知识青年被号召到农村和边疆扎根，同时相当数量的城市家庭妇女被组织起来以隶属于国营企业的“五七工厂”和“家属连”的形式参与社会劳动，女性就业在此期间的增长速度仅次于“大跃进”时期，截至 1977 年，女工在全民所有制企业中所占比重已达 28.3%，10 年间增长了 7.3 个百分点（参见表 3-2）。

表3-2　新中国成立以来我国全民所有制企业中女工所占比重及其变动

阶段	年份	职工总人数 （万人）	女职工总人数 （万人）	女职工所占比重 （%）
1	1949	800	60	7.5
	1952	1580	184.8	11.7
	1955	1908	247.3	13
	1957	2451	328.6	13.4
2	1958	4532	810.8	17.9
	1960	5044	1008.7	20.0
3	1961	4171	886.8	21.3
	1963	3293	656.6	19.9
4	1965	3738	786.1	21.0
	1977	7196	2036.0	28.3

资料来源：《中国劳动工资统计资料1949—1988》，中国统计出版社1987年版。

　　计划经济体制动员了劳动年龄人口中更多的人进入劳动供给的行列，广大过去只从事家务劳动的成年女性也不断走向社会。不仅在我国如此，其他计划经济国家也表现出类似的特征。以下是部分国家劳动参与率构成及变化状况比较。通过对比其他计划经济国家以及同时期的市场经济国家，可以发现：（1）与市场经济国家相比，计划经济国家有较高的总劳动参与率；（2）在男性劳动参与率方面，计划经济国家与市场经济国家差别不大；（3）计划经济国家有较高的女性劳动参与率，从而促成计划经济国家总劳动参与率要高于市场经济国家；（4）计划经济国家劳动参与率的性别差异较小（参见表3-3）。

表3-3　　　　　　　世界各国劳动参与率的构成及其变化

国家		年份	劳动参与率（%）		
			总体	男	女
计划经济国家	苏联	1959	47.5	54.8	41.5
		1970	48.4	52.1	45.3
		1979	51.7	55.7	48.1
	波兰	1960	47.3	55.1	40.1
		1970	51.9	57.7	46.4
		1978	51.2	57.4	45.4
	捷克	1961	47.2	57.0	37.8
		1970	48.7	55.4	42.3
		1980	51.4	56.2	46.7

续表

	国家	年份	劳动参与率（%）		
			总体	男	女
市场经济国家	美国	1950	39.1	57.2	21.5
		1960	39.0	53.7	24.6
		1970	40.8	52.7	29.5
	法国	1962	41.4	55.8	27.9
		1968	41.1	54.8	28.0
		1975	41.4	53.6	30.3
	英国	1966	47.3	63.0	32.6
		1971	46.3	60.6	32.9
		1981	47.3	59.4	35.8

资料来源：International Labor Office，1990，*Year Book of Labor Statistics 1945—1989.*

二、职业和行业领域的拓展

女性对社会经济活动参与程度的提高，不仅体现在就业比重的大幅上升上，也体现为女性就业的职业、行业领域得到了不断的拓展。国家在鼓励妇女大规模就业的同时，还鼓励妇女进入以往由男性主导的劳动领域。企业用工计划在政府劳动部门的计划控制下往往采取男女搭配的做法，从而使各行业中都保持了一定的女性比例。自由主义女性呼吁的男女平等思想，同样要求女性与男性看齐，担任与男性相同的工作岗位。于是女性就业的范围变得十分广泛，遍布于国民经济的各个领域、各个行业和各个职业，各种女性传统就业禁区也不断被冲破，女性甚至开始进入高空、井下等重体力行业以及有毒有害工种中。

图 3-1 给出了 1949—1978 年全民所有制单位女职工在各产业的分布比例及其变动。女职工就业于第一产业的比重逐年上升，从 1949 年的 0.2%，一直上升到 1977 年的 14.5%。第二产业和第三产业的比重大体持平，例外的情况出现在 1958—1960 年的"大跃进"期间和 1965—1977 年"文化大革命"期间。在这两个时期内，第三产业女职工的比重下滑非常迅速。1957 年，第二产业女职工的比重为 44%，1958 年，该比重迅速膨胀为 67.7%，对比之下，第三产业的女职工比重则从 1957 年的 54% 迅速下滑为 1958 年的 29.4%。"文化大革命"开始之前的 1965 年，第二产业的女职工比重为 41.2%，经历十年"文化大革命"后，1977 年，该

比重已经上升为47.6%，对比之下，第三产业的女职工比重则从1965年的46.4%下滑为1958年的37.9%。如果从女性的性别特征来说，更多地选择第三产业应该是适合女性生理特征的理性选择，也是社会分工的需要。但是"大跃进"全民办工业的号召却使女职工就业的产业结构失衡，第二产业极度膨胀，而第三产业却快速萎缩。这种变化反映的并不是就业者本身的自主行为，而是政府的政策指导和行政干预。

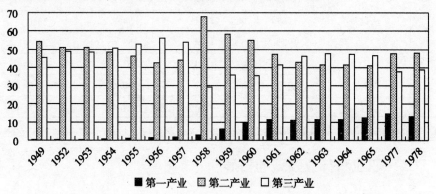

图3-1　1949—1978年全民所有制单位女职工三大产业分布趋势

资料来源：根据《中国劳动工资统计资料（1949—1985）》计算得出。根据《中国劳动工资统计资料（1949—1985）》，当时的国民经济各部门可分为：工业，建筑业，农业，运输邮电业，饮食业，城市公共事业，科学、文教、卫生事业，金融保险业和机关团体等行业。根据分析的需要，将这九类行业归为三大产业。农业为第一产业，工业和建筑业为第二产业，其余的均归为第三产业。

就业行业、职业领域的拓展，一方面显示了女性具有以往从未被社会所认知的巨大劳动能力和劳动潜力，培养了大批各领域和行业的优秀女性人才，如许多活跃在经济管理决策岗位的女领导、中国科学院、中国工程科学院的资深女院士等都是在计划经济背景下成长起来的；但是另一方面却导致了某些职业和行业就业性别结构的不合理性。这在"文化大革命"中表现得尤为突出。当时由于极"左"思潮的干扰，人们对男女平等产生了片面的理解，认为男女在劳动中没有任何区别，从而忽视了女性的自然生理状况，安排女工从事禁忌的劳动，甚至一些不适合女性就业的重体力部门也集中了过多的女性劳动力。以建筑业为例，1957年该行业中女性比例仅为9.6%，到1982年该比例已经上升为22.5%，达到历史最高水平。很显然，这种罔顾男女生理的自然差异，片面追求所谓的"男女平等"的做法既无法实现劳动力资源的优化配置，又无法切实地保护女性的利益。

经济参与程度的提高，以及职业领域的拓展，对女性的经济地位和社会地位产生了巨大的影响。女性就业作为正常的社会经济现象已被全社会接受，男女平等的思想深入人心。女性与男性共同就业，共同承担家庭经济责任，也为提高女性的家庭地位奠定了稳定的基础。但是另一方面，女性就业产业结构的不合理性，也为往后城镇女性就业的发展埋下了隐患。

第三节　经济转型期女性劳动供给状况的变动（1978 年以来）

从传统计划经济体制向市场经济体制的转变，既带来了我国经济的快速增长，而同时也带来了利益分配格局的改变。就我国女性而言，经济转型既是一次机遇，又是一次严峻的挑战。总的来说，经济转型期女性劳动参与状况的变动以理性调整为主要特征。

一、经济转型中女性就业所面临的机遇

经济改革和经济发展对女性就业具有一定的促进作用。我国政府积极改革计划管理体制下统包统分、城乡分割、限制流动的就业制度，大力培育和发展劳动力市场，我国劳动力资源的配置也逐步实现从计划配置向市场配置转化。在企业拥有了用人自由的同时，劳动者也获得了自由选择职业的自由权利。部分城镇女性开始考虑并追求个人的职业发展，并通过人才流动、自我创业等方式获得更多的自我发展空间。三资企业、乡镇企业、个体企业和私营企业的发展，为女性开创了新的就业领域，女性就业渠道拓宽。经济总量的增加和国民经济的高速增长，也带来了大量的就业机会，为女性就业提供了坚实的物质基础。再加上产业结构的调整，尤其是第三产业的发展，使女性更容易找到适合其生理特点和便于发挥优势的岗位。于是女性就业人数、行业和层次都有了较大发展和变化。

首先，女性就业人数不断增加，就业率不断上升，到 1992 年我国女职工人数已达 5600 万人，占全部职工总数的 38%。1979—1988 年十年间城镇女性平均就业增长率高达 4.9%。

其次，女性就业的产业和行业结构逐步趋于合理化。在适合女性就业的批发零售业、社会服务、教育、文化、卫生等领域，女性从业人数迅速

增加，比例超过男性。图 3-2 给出了 1980—1999 年女职工三大产业的分布比重及其变动趋势。从中可以看出（1）女职工在第一产业中的比重远远低于第二和第三产业，且处于逐步下降趋势中。（2）1997 年之前女职工在第二产业中的比重一直要高于第一和第三产业，但是这个比重逐年下降，从 1998 年开始低于第三产业。1980 年女职工就业于第二产业的比重为 55.4%，到 1999 年为止，该比重已降为 42.4%。（3）女职工在第三产业中的比重逐年上升，从 1998 年起超过了第二产业，并且其上升在不断加速。1980 年女职工就业于第三产业的比重为 36.9%，到 1999 年为止已上升为 53.2%。以上分析说明，经济转型期女性就业逐渐地并且持续地从第二产业和第一产业转向了第三产业。这一方面与我国产业结构的变动有关，而另一方面则反映了随着劳动力市场的建立，就业方式开始由被动安置向自我发展转化，女性就业从单向选择变为双向选择，女性择业的自主性增强，能够根据自身条件，选择自己满意的工作岗位。

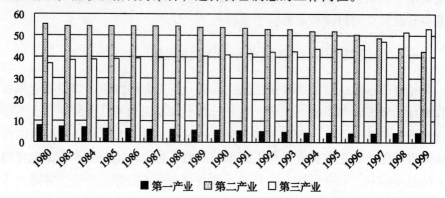

图 3-2   1980—1999 年女职工三大产业分布趋势

资料来源：《中国劳动统计年鉴》1995—1999 年分册。根据《劳动统计年鉴》，第一产业包括：农业、林业、牧业、渔业；第二产业包括：采掘业、制造业、建筑业、电力煤气及水的生产和供应业；其他产业均属于第三产业。

再次，我国城镇女性职业层次在经济转型中有所提高。第二期中国妇女地位调查数据显示，从职业构成上看，2000 年城镇在业女性中，各类负责人占 6.1%，比 1990 年增加了 3.2 个百分点；各类专业技术人员占 22.8%，比 1990 年增加了 5.4 个百分点。城镇在业男性中各类专业技术人员占 16.7%，比 1990 年增加了 1.5 个百分点，与男性相比，女性专业技术人员的增加较为显著。这些变化使长期以来中国妇女就业层次偏低、结构不合理的现象得到了改善。

二、经济转型中女性就业的困境

与此同时，随着经济体制改革的逐步深入，传统的女性就业模式体制
基础开始动摇，劳动就业逐步转向市场主导型的就业模式，市场打破了就
业的"铁饭碗"，优化流动组合、全员劳动合同制、减员增效、人员分流
等劳动人事改革举措都不断地迫使女性卷入激烈的市场竞争①。由于计划
体制下过度的保障和保护强化了部分女性对国家和单位的依赖，因此无法
适应市场竞争的这部分女性将在竞争中处于劣势。具体来说，经济转型对
女性就业的挑战主要表现在以下方面。

第一，自1995年以来，女性就业难度不断加大。从就业的统计数据
来看，1995年以前，我国城镇就业女性的总量和比例一直稳步增长，从
1995年起则开始逐步下降，到2002年年底，全国城镇单位女性从业人员
绝对数量比1995年减少了1733万，相对比例减少了0.7个百分点（见表
3-4）。全国妇联和国家统计局联合组织的第二期中国妇女社会地位调查
数据也显示，2000年中国城镇18—49岁女性人口中在业率仅为72%，比
1990年降低了16.2个百分点。在经济转型过程中，妇女就业难的问题已
经波及了女性的各个年龄段，触及了女性的不同阶层。

表3-4　　　　　经济转型中城镇单位女性就业人员人数及比重

	1978年	1990年	1995年	2000年	2002年
人数（万人）	3128	5294	5889	4411	4156
比重（%）	32.9	37.7	38.5	38.0	37.8

资料来源：历年《中国统计年鉴》。

其中，最突出的问题是女工下岗问题。随着经济体制改革的推进，公
有制企业由福利机构转向经济实体，隐含在企业内部的大量富余人员渐渐
成为显性的群体，从企业里剥离出来。1997年中央政府颁布了在若干城
市试行国有企业兼并破产和职工再就业有关问题的补充通知，加大了国有
企业改革的力度，下岗人员激增，在激增的下岗人员中，女性比例高于男

① Simon Appleton and John Knight and Lina Song and Qingjie Xia, "Labor Retrenchment in China Determinants and Consequences", *China Economic Review*, 2002, 13: 252—275.

性。根据中国统计年鉴2002年的数据，由于下岗而失去工作的人已经占全部失业人员的42.7%，其中男性下岗人员占男性失业人员的比重为41.5%，而女性下岗人员占女性失业人员的比重为43.9%。可见下岗问题在女性群体中更为突出。中国劳动社会保障部劳动科学研究所2000年6月的调查还显示，在全体下岗职工中女性所占比重为57.5%，而当前再就业率女性仅为38.8%，比男性低18.8个百分点。

大学生就业中也出现性别歧视问题。与下岗女工相比，女大学生是女性群体中的佼佼者，具有年轻、学历高的优势，但是她们在寻找工作时，也遇到了性别歧视的问题。一些企业或是机关单位明确表示不招或者是限招女生。用人单位拒收女生的一般理由有：高分低能，实际工作能力差，出差不方便，结婚生小孩要耽误几年工作，等等。

此外，女教授、女专家也面临着被剥夺工作权利的困扰。一些单位中女专家被要求以提前退休的方式提早离开工作岗位。一些政府也为了削减企业中的富余人员，将男女职工的退休年龄分别提前5年，女职工退休年龄提前到了45岁。45岁的女职工刚卸下了生儿育女的重担，缓解了双重角色紧张的压力，积累了丰富的经验，开始潜心工作的时候，却不得不接受提前退休的现实，其工资收入也立即大幅下降。

第二，在女性就业职工结构趋向合理的同时，职业性别隔离和部分女性的职业"底层化"现象也开始凸显。女性在劳动力市场竞争激励的形势下不得不高能低就。下岗失业女性的再就业去向，多为居民服务业等非正规部门或正规部门的非正规岗位，如机关企事业单位的勤杂工、清洁工等，就业形式也以短期、临时工作为主，不仅低待遇、低保障，而且几乎难有职业发展的可能性。此外，消费主义的蔓延和性的商品化趋势，还导致"青春职业"、"性别职业"的出现。所有这些，都在一定程度上加剧了妇女职业地位的降低①。

第三，女工劳动保护和职业安全问题严重。作为发展中国家，我国能长期实行标准较高的女工劳动保护制度，与我国的计划经济体制以及国营企业占绝大比例有关。随着经济转型，国有企业开始面对市场，以经济利益为导向进行各项生产决策，此外国家对体制外企事业单位的执法监督难度也加大，女职工的特殊保护没有得到应有的重视。许多企业中女性劳动

① 蒋永萍：《两种体制下的中国城市妇女就业》，《妇女研究论丛》2003年第1期。

保护不合标准，甚至根本没有保护，如撤销托儿所，不给哺乳女工喂奶时间，"四期保护"几乎空缺等。1996年，全国总工会女工部对全国1847家企业进行了调查，结果显示，企业中没有建立女工卫生室的占74.8%，没有建立孕妇休息室的占87.1%，没有建立哺乳室的占88.2%，无托儿所的占64.7%。① 多数企业在签订劳动合同时以种种方式避开女工的孕产期，以致虽有一些企业声称允许女工在岗期间生育，但调查时几乎看不到有关职工生育的记录。而且随着企业经营自主权的扩大，长期以来由用人单位承担女性生育责任的规定在国有和集体企事业单位也遭遇前所未有的挑战。即使过去做得好的企业，由于效益问题，而难以落实女工的保护措施。同一份调查显示，国营企业女工中也有68%的人产前检查费用不能全部报销，私营企业产前检查费用不能全部报销的比例更是达到了83%。

职业安全是体制转换过程中城镇女性劳动者面临的另一突出的劳动权益问题。其主要表现为超时劳动，有毒有害作业，工作环境恶劣，拖欠、克扣、压低工资，人身伤害和性骚扰等。尽管这些更多地属于劳工问题而非妇女问题，但从影响的范围和恶劣的程度看，女性受到的侵害较之男性更重。女工比例较高的劳动密集型的轻纺、电子企业是职业安全问题最为严重的高发区，如频频发生的工厂火灾和作为全球最大制鞋国的鞋业工人的苯毒害问题，伤及的也多是青年女工。

三、1988年以来我国城镇女性劳动参与率的变动趋势

以上描述了经济转型期女性就业规模和就业产业结构的变动，在这一部分中将集中笔墨描绘我国1988—2002年间女性劳动参与率的变动特征。劳动参与率指标根据本章第二节部分中的指标界定方法计算得出。得益于国家统计局社会经济调查总队1988—2002年入户调查的微观数据，本书不仅能够计算出各年的女性劳动参与率，也能对经济活动人口的性别特征、年龄特征、教育程度特征进行深入的分析。因此分析结果不仅反映出各年度我国女性劳动供给的相对规模，也可反映出女性经济活动人口分布不同侧面的特征。

（一）我国劳动参与率变动趋势中的性别差异

从总体上看，虽然我国自经济转型以来女性劳动参与率一直处于不断

---

① 全国总工会女工部：《关于女职工劳动权利和劳动保护的调查》，《中国工运》1997年第5期。

下降的趋势，并且这种趋势自20世纪90年代中期以来得到加速，但是我国仍是世界上女性劳动参与率最高以及劳动参与率两性差距最小的国家之一。

图3-3描述了我国分性别的劳动参与率变动趋势。从图中可以看出，在我国经济转型中城镇女性劳动参与率总体上呈现出下降趋势，1988年我国的城镇女性劳动参与率为78.64%，2002年已经降为64.4%，15年间共下降了14.24个百分点。并且从下降速度上看，女性劳动参与率的变动趋势可以以1995年为界分为前后两个阶段。在1995年之前，女性劳动参与率平稳下降，1988—1995年间平均每年下降不到0.5个百分点。在1995年之后，女性劳动参与率加速下降，1995—2002年间平均每年下降约1.6个百分点，下降速度远大于第一阶段。

从劳动参与率的性别差异上看，我国女性劳动参与率一直低于男性，1988年、1995年和2002年男女劳动参与率之比分别为1.08:1、1.07:1、1.14:1。从变动趋势上看，与女性相比男性劳动参与率的变动具有以下两个特征：第一，男性劳动参与率虽然具有类似的下降趋势，但是其下降幅度要小于女性，1988—2002年间共下降了11.46个百分点；第二，女性劳动参与率下降所具有的阶段性特征在男性群体中虽然仍然存在，但是表现得并不明显。1988—1995年和1995—2002年间男性劳动参与率的平均年变动幅度分别为0.6和1.0个百分点，两个阶段的区别小于女性。2000年之后男性劳动参与率基本保持稳定，而女性劳动参与率却仍持续下降。其后果就是，男女劳动参与率的差距越来越大。这表明，经济改革对女性劳动力市场的冲击似乎要比男性大得多。

（二）年龄特征及性别差异

从横截面的数据来看，经济转型并没有改变我国城镇女性生命周期内的劳动供给模式。如表3-5所示，无论在哪一年，女性劳动参与率都大致上在35—39岁达到峰值，随后开始下降，尤其是45岁以后下降速度更加迅速。以2002年为例，40—44岁年龄组的女性劳动参与率要比45—49岁年龄组高出11.41个百分点；而45—49岁年龄组的女性劳动参与率又要比50—54岁年龄组高出35.04个百分点。女性劳动供给的生命周期曲线大致呈不对称的"倒U"形分布（见图3-4）。对照之下，第二次世界大战后西方社会曾一度盛行一种M型女性就业模式，即妇女婚前就业，婚后或者生育后回家，孩子渐渐长大后重返职业市场。该就业态势在我国

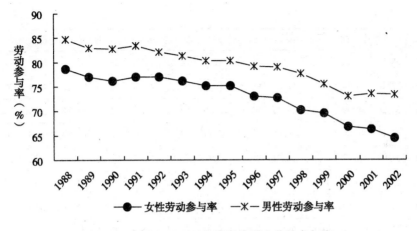

图 3 – 3　1988—2002 年我国的男女劳动参与率

并没有表现出来。为什么生育小孩在国外对女性就业的生命周期模式造成了很大影响，而国内却影响不大呢？这与我国长期实施的计划生育政策密不可分。在我国的城镇地区，女性生育的小孩人数不能超过一个，于是生育原因造成的女性职业生涯的中断次数也就不超过一次，并且中断的时间非常短。这是我国和国外女性就业的一大区别。

从时间序列上看，女性劳动参与率下降最快的是 16—19 岁年龄段，其次是 20—24 岁。与 1988 年相比，2002 年这两个年龄段的女性劳动参与率分别下降了 41.52 和 31.91 个百分点。这主要是因为随着义务教育的普及以及高校扩招，这两个年龄段女性人口的入学率或者是在校生比率上升的结果。这一点可以由以下方式得到验证。1988 年 16—24 岁女性人口中，在校学生以及待升学者所占比重为 27.9%，2002 年该比重上升到了 59.68%。此外，女性劳动参与率在其他主要劳动年龄段 25—29、30—34、35—39、40—44 岁都有明显下降，1988—2002 年间这四个年龄段的女性劳动参与率分别下降了 3.33、2.65、3.35、0.96 个百分点。因此从整体上看，女性劳动参与率的下降不光是教育普及的结果，也真实地反映了女性其他主要劳动年龄段的劳动力市场状况。

表 3 –5　　　　　　　　分年龄段的城镇女性劳动参与率（%）

	16—19	20—24	25—29	30—34	35—39	40—44	45—49	50—54	55—59	60—64	65 +	合计
1988	45.72	93.26	98.92	98.71	98.64	95.24	84.18	50.10	26.51	12.92	6.99	78.64
1989	40.92	91.20	98.76	98.64	98.69	95.79	84.06	48.78	24.06	13.26	4.28	77.01

续表

	16—19	20—24	25—29	30—34	35—39	40—44	45—49	50—54	55—59	60—64	65 +	合计
1990	38.70	89.10	98.14	98.78	98.18	95.45	84.32	49.47	24.27	13.98	6.55	76.08
1991	33.44	90.14	99.02	98.57	97.99	95.64	85.33	47.74	20.19	10.82	4.91	76.96
1992	28.25	88.99	98.83	98.82	98.82	96.70	87.38	52.90	22.31	16.07	8.29	76.97
1993	23.12	86.49	98.87	100.00	99.41	97.06	87.40	59.43	22.49	14.44	7.86	76.15
1994	24.03	85.38	99.42	98.71	99.47	97.95	82.83	55.41	25.00	20.66	8.72	75.10
1995	21.34	87.47	98.60	99.10	99.44	97.92	85.82	51.97	23.30	15.19	7.10	75.16
1996	14.76	86.59	99.38	98.53	99.07	97.24	86.36	54.42	24.58	16.46	6.59	72.94
1997	12.89	83.38	98.07	98.35	99.37	97.41	87.11	52.23	23.61	13.14	5.18	72.61
1998	9.19	79.79	98.58	98.98	99.55	96.53	83.26	50.25	16.20	12.73	5.61	70.19
1999	13.71	76.99	98.83	97.62	98.54	97.66	80.32	49.22	23.26	15.14	2.75	69.51
2000	11.66	76.28	98.90	98.18	97.50	95.74	81.01	46.23	18.53	11.92	3.25	66.76
2001	10.31	72.03	97.47	97.86	98.81	95.17	79.82	44.62	22.56	10.74	3.72	66.26
2002	4.20	61.35	95.59	96.06	95.29	94.28	82.87	47.83	21.71	7.57	2.48	64.40

　　我国城镇男性劳动供给的生命周期曲线与女性类似，也呈不对称的"倒U"形分布（见表3-6和图3-4）。与女性不同的是，男性劳动参与率的加速下降始于50岁，并且下降幅度要小于女性。以2002年为例，50—54岁的男性劳动参与率要比45—49岁低6.82个百分点，要比55—59岁高出21.11个百分点。此外，从时间序列上看，男性劳动参与率下降最快的同样也是16—19岁年龄段，其次是20—24岁。与1988年相比，2002年这两个年龄段的男性劳动参与率分别下降了39.7和32.26个百分点。这同样也是在校生比重上升导致的结果。1988年和2002年这两年，男性人口中学生（包括了在校生以及待升学者）所占比重分别为28.8%和61.6%。然而与女性劳动参与率不同的是，其他主要劳动年龄段的男性劳动参与率在1988—2002年间都基本保持了稳定，25—29、30—34、35—39、40—44岁这四个年龄段的男性劳动参与率分别下降了2、0.2、0.29、0.06个百分点。下降幅度比女性小得多。那么是什么因素导致了经济转型中男女在主要劳动年龄段有不同的劳动参与率变动趋势呢？本书将在其后的第六章中讨论这个问题。

表 3 – 6 分年龄段的城镇男性劳动参与率 （%）

	16—19	20—24	25—29	30—34	35—39	40—44	45—49	50—54	55—59	60—64	65 +	合计
1988	44.39	93.93	99.88	100.00	99.92	99.59	98.34	91.72	76.00	36.83	16.72	84.75
1989	38.23	90.77	99.92	99.85	99.79	99.64	98.23	92.82	74.22	34.11	16.67	82.98
1990	36.83	89.32	99.37	99.89	99.88	99.68	98.89	94.50	77.28	34.11	16.46	82.78
1991	30.34	89.11	99.68	99.95	99.92	99.64	98.75	93.49	77.81	28.59	12.32	83.43
1992	25.00	87.36	99.69	100.00	100.00	99.79	99.00	94.21	81.14	30.17	13.80	82.14
1993	21.74	87.13	100.00	100.00	100.00	99.85	99.80	93.95	80.31	32.87	15.95	81.28
1994	21.17	83.04	100.00	100.00	100.00	99.87	99.60	95.50	79.61	30.21	14.54	80.24
1995	20.06	83.46	99.66	100.00	99.84	99.87	98.56	93.48	78.31	28.90	12.54	80.28
1996	14.75	81.56	99.08	100.00	99.81	99.88	99.14	91.08	83.61	28.89	11.61	79.07
1997	13.67	79.71	98.75	100.00	100.00	99.74	98.81	91.87	81.11	30.28	8.70	78.98
1998	10.48	79.64	99.43	99.74	99.67	99.61	98.49	91.98	76.72	27.66	7.56	77.63
1999	10.88	76.85	99.69	100.00	100.00	99.45	97.59	89.17	70.28	18.92	6.63	75.52
2000	11.91	72.75	99.09	100.00	100.00	99.54	97.90	90.10	65.28	17.01	6.89	73.02
2001	9.75	67.83	98.41	100.00	99.62	99.67	97.38	90.09	71.06	16.39	5.87	73.46
2002	4.69	61.67	97.88	99.80	99.63	99.53	98.27	91.45	70.34	23.56	3.12	73.29

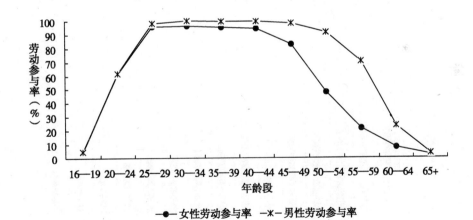

图 3 – 4 2002 年我国城镇男女劳动参与率的生命周期曲线

（三）教育程度特征及性别差异

一般来说，教育程度的提高对劳动参与率有双向的影响作用。一方面，由于全日制学生既没有参加工作，也没有就业倾向而被计入非经济活动人口，因此教育程度的提高与劳动参与率有一定的负相关关系。另一方面，由于教育增加了劳动者的人力资本存量，受教育程度越低，劳动者在劳动力市场上越处于不利的竞争地位，工资收入越低，并且在找工作时可能遭受更大的挫折，从而更有可能退出劳动力市场。从这方面说，教育程度与劳动参与率之间又存在着一种正的相关关系。教育程度与劳动参与率关系究竟如何，是一个实证的问题。从数据来看，我国无论男女的劳动参与率与教育程度之间都呈现出很强的正相关性（如图3-5—图3-8所示）。1988—2002年间大多数年份中，劳动参与率最低和最高的群体分别出现在"小学及小学以下"和"大专及大专以上"这两个极端上。2002年女性大专及大专以上教育程度者要比小学及小学以下教育程度者的劳动参与率高出55.57个百分点，男性这两种教育程度之间劳动参与率的差距为40.32个百分点。教育对劳动参与率的正向作用对女性表现得更加明显。

从劳动参与率的变动上看，下降趋势在教育程度最低的女性群体中表现最为突出，15年间小学及以下文化程度的女性劳动参与率下降了约30个百分点。而最高教育程度的女性其劳动参与率的下降却是所有教育程度组中最小的，15年间下降幅度约为5.5个百分点。相对而言，男性劳动参与率的变动趋势在不同教育组中的区别却不是非常明显。

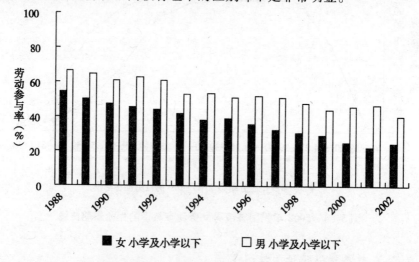

图3-5 1988—2002年小学及小学以下文化程度者的劳动参与率

此外，就不同教育程度而言，劳动参与率的性别差距也表现出不同的

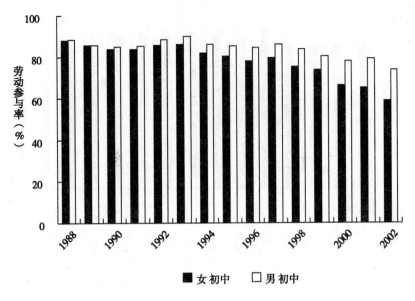

图 3 – 6　1988—2002 年初中文化程度者的劳动参与率

特征。作为最低教育程度的小学及小学以下教育程度者，其劳动参与率的性别差距在所有教育组中是最大的。1988 年该文化程度的男性劳动参与率要比女性高出 12.1 个百分点，并且这一差距随着时间的推移而不断扩大，2002 年差距已经增大到了 15.81 个百分点（见图 3 – 5）。初中教育程度者劳动参与率的性别差异在 1988 年并不明显，仅为 0.74，而该差异也正不断扩大，2002 年变为了 14.55 个百分点（见图 3 – 6）。接受高中、职高以及中专教育的劳动者其劳动参与率的性别差异也并不突出，并且在近年内也只有略微的增加（见图 3 – 7）。大专及大专以上教育程度者，其劳动参与率的性别差异在调查期间的变动幅度最为引人注目。1988 年大专以上教育程度的男性要比女性的劳动参与率高出 6.66 个百分点，该性别差异仅次于小学及小学以下教育程度组。而随着改革的深入，性别差异逐渐淡化，其中某些年份此教育程度的女性劳动参与率甚至超过了男性，2002 年大专以上教育程度者劳动参与率的性别差异仅为 0.56 个百分点，在所有教育程度组中性别差异值中是最小的（见图 3 – 8）。总之，最低教育程度者，其劳动参与率表现出最大的性别差异，并且差异正逐渐扩大；而最高教育程度者，其劳动参与率却表现出最小的性别差异，并且差异正逐渐缩小。上述描述说明，提高教育程度有可能是缩小我国城镇劳动力市场性别差异的一条可行途径。

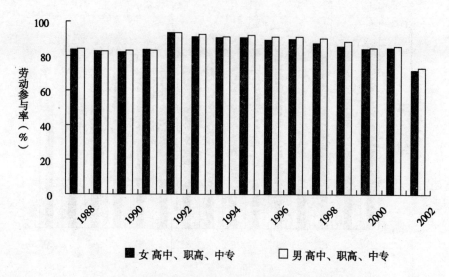

图 3 - 7　1988—2002 年高中文化程度者的劳动参与率

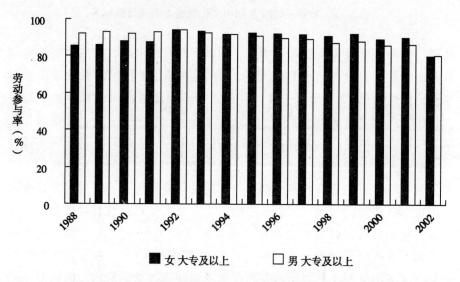

图 3 - 8　1988—2002 年大专及大专以上文化程度者的劳动参与率

（四）户籍特征及其性别差异

随着劳动力市场分割程度的减弱和城市化进程的推进，人口流动已成为普遍现象。人口的地域间流动可以形成一种调整地区间资源平衡性的有效机制以刺激地区经济增长和整个经济的发展。人口由农村到城市的流动是其中的一种重要表现形式。随着大量农民工开始涌入城市寻找就业机会，农业户口的劳动力已经构成了城镇劳动供给的重要构成部分，不可忽视。然而劳动力市场的地区分割和户籍分割依然存在。不同户籍的劳动者（尤其是农业户口和非农户口的劳动力）在劳动就业中往往会受到不同的待遇，如：更优越的收入、更高的社会保障待遇以及更容易进入正规部门等，其劳动供给行为也会表现出不同的特征。

　　根据劳动者的户籍特征，可以将劳动者分为四种类型：本地非农户口、本地农业户口、外地非农户口，以及外地农业户口。通过将这四类人进行对比可以发现，我国不同户籍的女性劳动参与率表现出了不同特征（见表 3 - 7）。第一，农业户口的女性具有更强烈的劳动参与倾向。2002年农业户口的女性劳动参与率比非农户口高出 9.44 个百分点。考虑到农业户口的劳动者很难享受到城镇的养老保险等社会福利待遇，这一点就不足为奇了。据 2002 年的相关统计，在 60 岁以上女性人口中，农业户口的劳动者能得到养老金、离退休金或者是社会救济收入的，仅占 6.15%，而非农业户口的劳动者中有 78.71% 能够获得这些转移性收入。社会福利待遇不同，会导致不同户籍的劳动者具有不同的劳动供给行为。第二，外地户口比本地户口的女性劳动参与率更高。2002 年两者之差为 12.11 个百分点。劳动力流动的动机通常是为了获得更高的收入，因此选择从外地迁往本地的劳动者往往也就具有更高的劳动参与率。第三，就本地户口的女性而言，是否农业户口对其劳动供给的影响很大，本地农业户口的女性要比本地非农户口的女性劳动参与率大 6.61 个百分点。对比之下，就外地户口的女性而言，是否是农业户口其影响就微不足道了，外地农业户口的女性与外地非农户口的女性劳动参与率相差不大。这说明，虽然是否农业户口对女性就业影响很大，但是就已经发生迁移的女性人口而言，是否农业户口就无关紧要了。第四，分户籍状况的男性劳动供给具有与女性不同的特征。最大的区别出现在非农户口群体中。外地非农户口与本地非农户口的男性劳动参与率相差不大，前者略低于后者。从性别差异上看，本地农业户口、本地非农户口、外地农业户口的男性劳动参与率都高于女性，而外地非农户口的男性劳动参与率则低于女性。总之，分户籍、分性别的劳动参与率的比较说明，户口特征对劳动参与率有显著影响。其中的例外是就已发生迁移的女性人口而言，是否农业户口与其劳动参与决策关系不大，而就非农户口的男性人口而言，是否外地户口则无关紧要了。

表 3 - 7　　　　　　　　　　2002 年分户籍和性别的劳动参与率 （%）

	男			女		
	本地户口	外地户口	总计	本地户口	外地户口	总计
农业户口	83.12	91.57	87.50	70.73	76.67	73.66
非农业户口	73.13	72.17	73.12	64.12	75.89	64.22
总计	73.18	80.30	73.29	64.18	76.29	64.40

（五）退出劳动力市场的原因及其性别差异

通过观察人们退出劳动力市场的理由，可以对劳动参与率的变动有更进一步的了解。根据退出的理由将退出劳动力市场者分为以下四类：丧失工作能力者、退休后未再就业人员、学生，以及家务劳动者。如图 3 - 9 和图 3 - 10 所示，女性由于退休，或者是家务劳动而退出劳动力市场的比重要大于

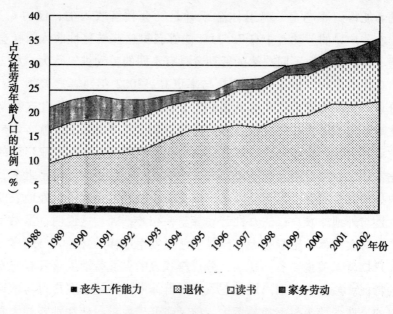

图 3 - 9　女性退出劳动力市场的原因

男性，由于读书而退出劳动力市场的比重则要低于男性。从变动趋势上看，在退出劳动力市场者之中，无论男女，除了丧失工作能力者所占比重下降以外，其他三类人员所占比重均有所上升。最突出的变化是退休人员的比重大幅上升，其中男、女性退休人员的比重分别上升了 9.3 和 13.6 个百分点。这一变化与我国国企改制、下岗分流、提前退休的政策有关，并且女性劳动

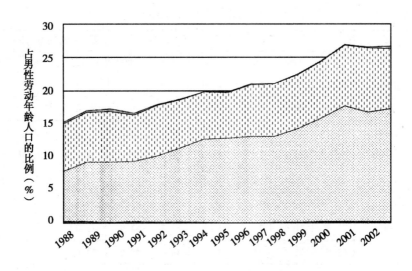

图3-10　男性退出劳动力市场的原因

力所受到的影响更大。此外，由于高校扩招导致的在校学生比例的增加，以及家务劳动并不是导致人们退出劳动力市场最重要的原因。

（六）女性劳动参与率的中外比较

如果考虑到我国的全日制学生也有兼职的可能性的话，那么本书计算出的劳动参与率就有低估的可能性。但是即使如此，我国仍是世界上女性劳动参与率最高的国家之一。

表3-8对比描述了转型国家和市场经济国家的劳动参与率。与表3-8不同的是，表3-3侧重描绘计划经济国家转型前的情况，而表3-8则重点描述了计划经济国家转型开始以后的情况。从劳动参与率的数值上看，即使不计入学生，我国的女性劳动参与率也大于所列举出来的其他七个国家。在变动趋势上转型国家具有一个共同特征，即女性劳动参与率自实行市场化改革以来均出现了下降的趋势。这和转型国家在计划经济时期女性劳动参与率不断攀升形成了鲜明对比，也和西方市场经济国家女性劳动参与率的持续上涨区别显著。

表 3 – 8 各国分性别的劳动参与率 (%)

	男			女			女劳动参与率与男性之比		
	1992	1996	2000	1992	1996	2000	1992	1996	2000
中国	82.14	79.07	73.01	76.97	72.94	66.76	93.7	92.2	91.4
波兰	70.02	66.2	64.1	54.2	51	49.7	77.4	77.0	77.5
俄罗斯	71.14	70.68	72.25	56.8	50.4	51.8	79.8	71.3	71.7
斯洛伐克	69.8	66.3	67.6	55.1	50.4	52.8	78.9	76.0	78.1
捷克	71.7	71.5	69.6	52.3	52.1	51.6	72.9	72.9	74.1
美国	72.2	74.9	74.7	56	59.3	60.2	77.6	79.2	80.6
英国	72.7	71.6	73	52.2	53.4	54.9	71.8	74.7	75.2
法国	63.5	62.7	62.2	47	48.4	47.8	74.0	77.2	76.8

资料来源：ILO 的相关统计资料。

从劳动参与率的性别差距上看，虽然我国女性劳动参与率与男性的差距正逐渐变大，但是我国仍是世界上男女劳动参与率性别差距最小的国家之一。正如前文所述，男女劳动参与率差距的扩大，与经济体制转型有密切关系，政策对女性就业保护作用的减弱必然导致女性相对于男性而言在就业和收入方面承受更大的冲击。这在我国表现得比较明显。在劳动参与率上，女性比男性有更大的下降幅度，从而使劳动参与率的性别差距加大。然而就其他转型国家而言，情况就不一定如此了。以捷克为例，男女劳动参与率的性别差距在经济转型中反而缩小了，1992 年捷克女性劳动参与率与男性之比为 0.729，2000 年该比例增大到 0.741，这说明经济转型对女性劳动供给的影响是复杂的，制度因素只是其中的一个方面，其他因素，如产业结构等都有可能对其起作用。就捷克的情况而言，由于捷克妇女普遍接受了良好的教育，并且她们如果参与劳动的话多从事服务和劳动密集型的行业，而这些行业以及较高教育程度者在经济转型中所受的冲击都比较小，因此经济转型中，妇女并不一定会成为利益的相对受损者①。

总之，我国具有和西方市场经济国家不同的国情，与其他转型国家的

① 蔡昉：《中国人口与劳动问题报告 No.4 (2003)：转轨中的城市贫困问题》，社会科学文献出版社 2003 年版。

情况也不尽相同。如何解释我国女性劳动参与率的变动，将是本书重点所在。

第四节 本章小结

综上所述，劳动参与率是衡量劳动供给的重要指标，而各国统计口径的不一致导致各国之间的比较存在困难。本章在比较各国统计口径以及界定我国的统计口径基础上，对新中国成立以来我国女性劳动参与状况的变动进行了描述。纵观我国城镇女性就业历史，大致可分为前后两个阶段：女性劳动参与激增的计划经济时期，以及理性调整的经济转型期。随后本章对 1988—2002 年我国城镇女性劳动参与率的变动及其特征进行了重点描述。在此期间，我国的女性劳动参与率及其变动具有以下特征：

第一，我国女性劳动参与率水平较高，与男性劳动参与率差距较小。虽然近年来我国女性劳动参与率在不断地下降，与男性劳动参与率的差距在不断地扩大，但是从国际范围来说，我国仍是世界上女性劳动参与率水平最高和性别差距最小的国家之一。

第二，我国女性和男性的劳动供给生命周期曲线都呈"倒 U"形分布，男女劳动参与率近年来在 16—24 岁年龄段都有较大幅度的下降，与男性劳动参与率不同的是，我国其他主要劳动年龄段的女性劳动参与率也有明显下降。

第三，教育与劳动参与率呈现出正的相关关系，并且正相关性对女性群体表现得更加突出。劳动参与率的性别差距在较低教育程度组中是最大的，在较高教育程度组中是最小的，并且低教育程度组中劳动参与率的性别差距正逐渐加大，而高教育程度组中劳动参与率的性别差距正逐渐缩小。

第四，户口状况与劳动参与率也有密切关系。是否农业户口，以及是否是外地户口都将影响男女的劳动参与。其中的例外是就已发生迁移的女性人口而言，是否农业户口与其劳动参与决策关系不大，而就非农户口的男性人口而言，是否外地户口则无关紧要了。

第五，从退出劳动力市场的原因上看，女性由于退休和家务劳动退出劳动力市场的比例大于男性，由于读书退出劳动力市场的比例小于男性。此外，退休所占比重在男女群体中都出现了明显上升趋势。

第六，西方市场经济国家近年来女性劳动参与率在持续上升，而转型国家的女性劳动参与率在不断下降。从劳动参与率的性别差距上说，也存在着某些转型国家其劳动参与率的性别差距正逐渐缩小的趋势。各国情况不一，不可一概而论。

第四章

对转型经济中女性劳动
供给的理论分析

经济转型对女性劳动参与产生了重要的影响。对此，经济学界比较一致的看法是：市场化的改革导致了女性在收入和就业方面的相对地位有所下降，改革以后女性劳动参与率的下降正是家庭在市场力量的作用下进行自主分工的理性选择。

第一节 改革开放前的相关背景分析

计划经济时期较高的女性劳动参与率以及就业方面较小的性别差距，可以从当时的制度基础、组织基础、经济背景和文化背景来加以理解。

第一，工资制度和劳动就业制度，尤其是完善的女性就业保障制度，以及女性劳动保护制度为女性大规模就业提供了坚实的制度基础。

女性就业保障制度强调对女性就业权利的社会保护，强调男女平等，认为男女都是无差别的社会公民，对生产资料都有无差别的所有权，进而也都有无差别的劳动权利，如公平就业权、同工同酬权等。因此"凡适合妇女从事劳动的单位，不得拒绝招收女职工"①。"中华人民共和国妇女在政治的、经济的、文化的、社会的和家庭的生活的各方面享有同男子同等的权利。国家保护妇女的权利和利益，实行男女同工同酬，培养和选拔妇女干部。"②

女性就业保障制度的实施根源于统包统分的劳动就业体制，该体制排斥市场机制在配置劳动力资源中的作用。在这种背景下，安置和保证就业

---

① 《女工劳动保护规定》1988年7月21日实行（【82】国务院令第9号）。
② 参见《宪法》第二章第四十八条。

就成了我国国有企业特定的社会职能，长期以来，国家把国有企业安排和保证就业当作一项重要的政治任务来看待，并把这项任务作为考察企业业绩的重要指标。于是计划经济体制下，企业不再是一个追求利润最大化的市场主体，既无法主动招聘企业所需人才，又无法解聘生产效率低下的员工。制定工资水平时依据的并不是生产效率，而是一味地追求所谓的"平等"。在这一目标下，无论男女在工作努力程度上、生产效率上还是工作业绩上是否存在差别，企业都必须为男女劳动力提供工作岗位以及支付平均化的工资。并且只要在国家允许的范围内，个人的私事，包括生育、生病、照顾老人、意外事故等都不会使女性中断或失去收入来源。

女性劳动保护制度则强调对女工的自然保护，是在劳动领域对女性实行一般生理保护与生育保护的职工福利制度。保护女职工在生产过程中的安全健康是我国政府的一贯政策，女职工一方面担负着经济建设的重担，另一方面还承担着养育后代的天职，她们既是巨大的劳动资源，也是培育劳动资源的源泉。女职工特殊劳动保护，不仅关系到女职工的健康与幸福，而且还关系到子孙后代的健康和人口素质的提高。长期以来，我国政府针对女性的生理特点，制定了一系列的政策与法规。在《中华人民共和国宪法》、《中华人民共和国劳动法》、《女职工劳动保障规定》、《中华人民共和国妇女权益保障法》中，都对女职工的特殊保护作出了许多规定，女职工的劳动条件也得到了很大的改善。很多企业为女职工实施了建立卫生间、淋浴室、孕妇休息室和哺乳室等劳动保护措施，实施了孕期调换轻便工作等孕期、哺乳期女工的特殊保护制度，女职工生育后可以享有带全薪的产假（1988 年前是 56 天，1988 年至今是 90 天），一些单位的女职工还享有半年到几年不等的育儿长假，哺乳期有哺乳假。在费用的承担上，妇女生育所需的医疗费和补偿费等是由国家统一拨付的，单位全额报销。支出的增加对单位领导的政绩、单位费用和其他职工的收入没有影响。这些制度有效地保护了广大的女性劳动力。我国女性就业率和劳动参与率大大高于世界平均水平，与女工保护制度的有效落实有很大关系①②。

劳动工资制度也是影响女性劳动参与的重要因素。计划经济体制下，性别工资差异被控制在很小的范围内。同工同酬是计划经济体制下女性劳

---

① 潘锦棠：《中国女工劳动保护制度与现状》，《妇女研究论丛》2002 年第 7 期。
② 潘锦棠：《经济转轨中的中国女性就业与社会保障》，《管理世界》2002 年第 7 期。

动权益保障的重要指标，也是就业领域实施的一项基本原则。平均化的国家再分配压低了人力资本的经济回报，使人力资本禀赋不高的劳动者实际相对受益，为部分相对低学历和低能力的女性劳动者提供了更多的收入和就业保护。此时国有企业和城镇集体企业的工资制定标准主要取决于岗位、工种以及工龄的长短，而不是劳动的效率。就同一岗位和同一工种的劳动者而言，女职工的收入和男职工的收入相比差距很小。据劳动部对上海、石家庄、锦州等218家企业的抽样调查，1978年男性劳动者的月平均标准工资为53元，女性劳动者的月平均标准工资为43.1元，为男性的83%。这一比例高于世界上绝大多数国家（参见表4-1）。

　　平均主义的收入分配和福利制度，一方面矫正了传统文化上的性别歧视，使女性职工受益，激励了女性参与社会经济活动的热情；但是另一方面却忽略了女性劳动力在劳动效率上的"折扣"特点，造成了一定程度上的"男女不同工亦同酬"现象。据1986年广西南宁对10家企业的调查研究显示，两年内同工资等级的男性职工要比普通女性职工人均多创利润1898.5元，比哺乳期女工人均多创造利润10739.1元[1]。这一差距远大于不同性别之间的工资收入差距。从劳动力资源市场配置的有效性角度来看，有效的市场配置应使劳动投入的边际产值与劳动力的价格相等。然而计划经济中男女生产力的差距并没有在他们相对平均的工资水平中得到反映。很显然，必须打破分配上的平均主义，才能激励劳动者提高工作效率，促进经济增长。

表4-1　90年代初期部分国家（地区）非农行业女性工资占男性工资的比重

澳洲	瑞典	芬兰	美国	新加坡	英国	中国香港	中国澳门	泰国	中国台湾	韩国
90.8	89.0	77.0	75.0	71.1	69.7	69.5	69.07	68.2	67.44	53.5

　　资料来源：UNDP（1995），Human Development Report 1995，Oxford University Press. 转引自潘锦棠，2002。

　　第二，"单位制"为女性社会地位的上升提供了组织保障。"单位体制"是我国的一种强大而有效的行政控制系统，其终端或基本单位就是常说的"单位"，每一个中国女性与国家的联系都是通过她所在的单位，形成"稳定的社会关系"，并以期通过单位实现"一个没有性别差异的平等

---

[1]　潘锦棠：《经济转轨中的中国女性就业与社会保障》，《管理世界》2002年第7期。

理想"。国家对妇女权益的保护，通过行政组织系统，以国家政策的形式下达，由单位负责落实，国家通过党组织和妇联等群团组织来监督检查单位的实施情况。这样就为消除对妇女的社会歧视，推行男女平等的政策，以国家行政力量实施提供了比较通畅的组织渠道，保障了妇女地位在经济上和政治上的提高，促进了社会平等的实现①。

此外，"单位制"还实现了社会功能与经济功能的合一，使妇女减弱了角色冲突的压力。企业不仅关心职工的生产行为，还同时关心职工的家庭情况，并为职工家庭设立了一系列的保障措施，家庭的服务和保险功能就由单位部分替代了。比方说，单位往往为职工提供收费低廉的托儿所和幼儿园服务，子女的入学、家属生病住院的照顾等都由单位一手包办。女性社会角色和家庭角色冲突的减弱，有利于女性走向社会参与社会劳动。

第三，在新中国成立初期我国选择了优先发展重工业的经济发展战略，为完成工业化这一目标，我国在劳动就业方面实行了"高就业、低工资"的政策，这是我国女性大规模就业的经济背景。国家为了实现"高就业"，一方面通过对女性就业的终身社会保障，吸引女性大规模地参与工作和生产活动，另一方面则通过行政手段调整女性的就业地点、就业岗位和劳动供给量，实现对劳动力资源的计划配置。妇女劳动就业的强制性也可从当时有关的政策中体现出来。一个典型的例子是《1956年到1967年全国农业发展纲要》②，其中第二十四节规定，从1956年开始，在7年内，根据不同地区的不同情况，要求做到每一个农村女子全劳力每年参加农业和副业（包括家庭副业）生产劳动时间不得少于80—180天。对城镇女性的劳动动员力度更大。

计划经济时期长期维持的低工资同样也对女性大规模参与社会劳动起到了重要作用。之所以实行低工资，一个重要的原因是经济发展的需要。优先发展重工业的战略要求大量廉价的物资和劳动力的投入。计划经济体制则保证了能将工资强制性地维持在一个较低的水平上。在工资或者收入水平较低的条件下，就自然导致家庭扩大向社会提供劳动的规模，在此基

---

① 孙都光：《浅析社会转型对女职工的影响——从"单位人"到"自由人"》，《经济体制改革》2000年第1期。

② 该《纲要》于1960年4月10日在中华人民共和国第二届全国人民代表大会第二次会议上通过。

础上才有可能维持或提高家庭的消费水平，从而使女性参与市场经济活动成为获取家庭收入来源的必要途径，这也成为计划经济时期女性劳动参与率居高不下的原因之一①。我国经济发展多年的实际情况说明，工资增长过缓是劳动供给过多的重要原因，而劳动供给迅速增加又加剧了低工资的刚性化。随着我国 20 世纪六七十年代经济增长速度的放慢，尤其是"文化大革命"中，城镇企业劳动力需求的增长速度放慢，城镇企业吸纳剩余劳动力的能力下降，为了实现"充分就业"的目标，企业往往采取了折中的方法，即"三个人的饭五个人吃"，工资的分摊导致原本就不高的工资水平进一步下移。工资增长过缓与劳动供给过多两者互为因果，使劳动参与率迅速提高且居高不下。

　　第四，从文化背景上看，计划经济国家通过大量关于妇女解放的宣传，如"男女都一样"、"妇女半边天"等，进行了"男女平等"的意识形态的建设，使男女平等的思想深入人心。妇女就业作为正常的社会经济现象已被全社会接受并确认，妇女可以自由地参加社会工作并获得劳动报酬，而不必得到家中男性（父亲或者是丈夫）的许可，走向社会对妇女本身来说已经成为一种重要的社会承认和价值实现②。

　　从表面上看，计划经济中偏高的女性劳动参与率似乎符合传统的劳动供给理论：一方面，家庭生产成本的降低（主要是生育和看护小孩的成本降低）使以市场生产代替家庭生产变得相对容易；另一方面，家庭收入的降低也使闲暇的消费变得相对昂贵，于是替代效应和收入效应都使市场劳动对于家庭劳动的替代性加强，女性的劳动参与率随之提高。然而，考虑到家庭的分工模式后，以上现象存在的合理性就令人质疑了。根据家庭分工理论，只有当妻子的市场工资低于丈夫时，女性的市场劳动时间才会少于男性，有效率的家庭分工状态才使妻子更多地从事家庭生产③。但是对东欧和苏联的调查结果却显示，在妇女的就业情况和工资情况与男性相差不大时，妇女的家庭劳动时间却大大超过了男性。于是大多数妇女就同时承担了市场劳动和非市场劳动的双重重压。服务和现代化设备的缺乏导致

　　①　Haizheng Li and Jeffrey S. Zax，"Labor Supply in Urban China"，*Journal of Comparative Economics*，2003，31：795—817.

　　②　Loscocco，Karyn，A. and Bose，Christine，E.，"Gender and job satisfaction in urban China：The early post-Mao period"，*Social Science Quarterly*，1998，79（1）：91—110.

　　③　[美] 贝克尔：《家庭经济分析》（1981 年中译本），华夏出版社 1987 年版.

这种现象更加严重①。因此，计划经济国家中女性过高的劳动参与率与其说是家庭理性选择的结果，不如说是政府强大的行政力量导致的人为后果。

第二节　经济转型的特殊环境

经济转型中，女性就业遇到了困难。特殊的制度环境、文化环境以及市场环境都给女性就业带来了冲击。

第一，随着计划体制向市场体制的转轨，统包统分的劳动就业体制开始瓦解。市场的"经济理性"开始回归。企业的职能也发生了重大变化，从实行政府指令的行政机构和安置劳动力终身就业的福利机构变成了追求利润的经济实体。企业在用工方面的自主性明显加大，可以以利润最大化为导向决定人员的招聘和解雇。很多企业认为雇用女职工会引致一些非工资成本，一方面在小孩出生的头几年里企业得不到这位妇女的全部劳动力；另一方面，如果有劳保制度，企业还必须为其支付额外的费用。因此企业往往会把处于生育期和抚育期的妇女视为高成本的劳动力，而相对不愿意雇用女性职工，并且不再愿意承担妇女保护的成本。而原有的计划经济条件下行之有效的对女性就业的行政性保护措施在市场经济条件下已失去了原有的约束力，于是经济转型中女性相对于男性而言更难以获取工作岗位，或者是更容易失去原有的工作岗位，从而成为改革中利益的相对受损者。

企业的利益化倾向导致女性更容易遭遇就业困境，这已成为转型国家的共同特征。就业的数据显示，在转型期间失去的 2600 万个工作岗位中，有 1400 万是女性失去的。在经济的恢复期间，大部分新创造出来的工作岗位都被男性占据了，而女性却难以再获得新的就业机会②。Hunt（2002）对原东德转型前后（1990—1994 年间）变化进行了研究，他同样发现，妇女在转型期间面临比男性更严峻的找工作的压力，18—60 岁

---

① Elizabeth Brainerd, "Women in Transition: Changes in Gender Wage Differentials in Eastern Europe and The Former Soviet Union", *Industrial and Labor Relations Review*, 2000, 54（1）: 138—162.

② 陈钊、陆铭、吴桂英:《经济转型中的婚姻家庭与女性就业:对相关事实的经济学理解》,《中国社会科学评论》2004 年第 1 期。

的妇女同期的雇用率，从83％下降到了60％。而男性雇用率同期从93％下降到了76％，与男性相比，女性雇用率下降的百分比更大①。

第二，传统文化的回归同样也是造成女性就业困境的原因之一。从社会对女性就业的观点上看，计划经济时期对两性平等的宣传和相关制度的实施曾经成功地改变了社会对妇女就业的态度②，人们不再遵从男强女弱、男主外女主内、男尊女卑的传统观点，而是开始接受经济独立、思想独立、人格独立的新时代女性形象。但是随着经济转型进程的推进，社会观点却又悄悄地发生了回归。"男女平等"在今天已经受到了部分人的质疑。他们认为，妇女走向社会是造成中国社会"角色失范"的重要原因，希望回归到男主外女主内的传统性别角色分工方式。对我国家庭劳动分工观念的抽样调查也表明，市场化的改革更支持传统的家庭分工模式。在被问到"是否认同男人应以社会为主，女人应以家庭为主"时，有53.9％的男性和50.4％的女性表示赞同，男性支持率比1990年上升了2.1个百分点。分地区的数据也显示，市场化程度越是高的地区，如广州和上海，这一观点支持率的增长幅度越大。广州对此观点的支持率高达55％以上，并且比1990年高出了14.8个百分点，上海男女对此观点的支持率分别比1990年上升了9.2和6.8个百分点。无论从时间序列的变化，还是从地区之间的对比来看，市场化进程越快的地区，对传统的家庭分工模式的支持也越大。传统的性别观念使社会开始排斥女性就业，女性在劳动力市场上开始边缘化，成为弱势群体的重要来源，如此一来，男强女弱的传统文化更加得到强化，形成女性就业的恶性循环。传统文化的回归是女性就业的一道巨大屏障。

第三，劳动力市场总体供求态势是导致女性就业困境的另一原因。新中国成立初期我国女性就业人数的急剧增长在很大程度上与当时工业化需要大量劳动力的背景密不可分。而近年来我国劳动力市场上总体供求态势发生了改变。根据中共中央、国务院对我国当前就业形式的判断，我国就业中已出现劳动者充分就业的总需求与劳动力总量过大、素质不相适应的

① Hunt, Jennifer, "The Transition in Eastern Germany: When Is Ten-Point Fall in the Gender Wage Gap Bad News?", *Journal of Labor Economics*, 2002, 20 (1): 148—169.

② Pak-Wai Liu and Xin Meng and Junseng Zhang, "Sectoral Gender Wage Differentials and Discrimination in the Transitional Chinese Economy", *Population Economics*, 2000, 13: 331—352.

矛盾，就业形式的严峻性突出体现在城镇新增劳动力就业、农民工进城打工和下岗失业人员再就业"三碰头"的现象。一方面，由于人口年龄结构的变动，我国已处于劳动力供给最为丰富的时期；另一方面，随着经济增长方式的转变，产业结构的优化升级，经济增长对就业的拉动能力却在下降。劳动力供给过剩和就业需求相对不足使城镇就业变得越来越困难。"妇女回家"、"妇女阶段性就业"的观点正是在这种背景下提出的，目的是希望能够以此来缓解就业压力。

总之，妇女就业是一个综合性的社会问题。既受到社会大环境的制约，也受到妇女自身的就业能力和就业观念的制约。虽然经过 20 多年来的改革开放，中国经济得到了快速增长，综合国力不断增强，为妇女就业提供了良好的社会条件。但是经济转轨所同时带来的还有保护性制度的取消、文化的回归，以及劳动力供大于求的劳动力市场非均衡态势，这就为女性就业带来了新的挑战。

第三节　共同偏好框架内的理论分析

经济转型中女性劳动参与率出现了明显的下降。对此，共同偏好框架内的解释是：在传统的就业体制下，男性和女性在生理和心理等方面天然存在的差距是政府通过实行两性间的平等就业，以一种强大的行政力量人为地抹杀的[1]，因此经济转型中这种行政力量的取消必然会带来女性在就业和收入方面与男性差距的不断扩大；并且随着家庭失去政府的经济政策支持，市场生产代替家庭生产的成本也随之加大。在这种情况下，女性相对更多地从事家庭生产则是一种符合比较优势原则的家庭分工方式。从这一角度来看，女性劳动参与率的下降就成了中央计划管制取消后家庭分工重新整合的必然结果，并且家庭的重新分工有利于家庭分工效率的提高。

一、性别工资差距与女性劳动参与

在我国的经济转型过程中，性别工资差距不断拉大。研究认为，经济市场化进程与男女职工收入差异之间存在着某种相关性，在市场化进程越快的地区和部门，两性在收入方面的差距越大，并且更大比例的收入差异

---

[1]　郑也夫：《男女平等的社会学思考》，《社会学研究》1994 年第 2 期。

来自于表现为"同工不同酬"的各种因素上①②。调查数据进一步验证了这一结论。第二期中国妇女社会地位调查数据表明，与1990年相比，城镇在业女性的经济收入有了较大幅度的提高，但是与男性的收入差距也在扩大。1999年城镇在业女性的年均收入为7409.7元，是男性收入的70.1%。虽然女性收入比10年前提高了4.1倍；但是女性收入的提高速度却低于男性，男女的收入差距比10年前扩大了7.4个百分点。从收入分布上看，城镇在业女性年收入低于5000元的占47.4%，该比重比男性高出19.3个百分点；城镇在业女性年收入高于1.5万元的占6.1%，该比重则比男性低6.6个百分点。

此外，工资结构的改变以及女性就业的职业结构也是导致性别工资差距拉大的重要原因。随着体制改革，人力资本开始得到重视，人力资本的回报也逐渐上升，相对平均的工资结构开始改变，工资差距不断加大。而由于与男性相比，女性更多地处于工资分布的较低一端，所以工资差距的加大对女性更加不利，将会加大性别工资差距。女性就业的职业层次较低，更加加深了这种趋势③。

性别工资差距加大对女性劳动参与的影响，可以用Becker的新古典家庭分工理论来加以解释：当家庭成员在市场工作和家庭工作方面具有各自的比较优势时，进行某种程度的专业化分工是有利的，家庭成员进行联合决策分配各自的时间，进行分工合作。分工的依据是家庭成员在市场工作和家庭工作方面的生产效率。有效率的分工方式是家庭成员将可支配时间用于各自有比较优势的方面，即在市场工作方面有比较优势的家庭成员将更多的可支配时间用于市场工作，而在家庭工作方面有比较优势的一方将更多的可支配时间用于家庭工作。

如果用简单的图解来分析和解释，性别工资差距扩大的影响以及家庭专业化分工所能带来的效率的提高便能一目了然。考虑有两个成员（丈夫和妻子）的家庭，其中丈夫在市场工作方面具有比较优势，妻子在家庭工作方面具有比较优势，则妻子和丈夫的生产可能性曲线分别可以表示为图

①　李实、［瑞典］别雍·古斯塔夫森：《中国城镇职工收入的性别差异分析》，载赵人伟、李实和卡尔·李思勤主编《中国居民收入分配再研究》，中国财政经济出版社1999年版。

②　Newell, Andrew and Reilly, Barry, "The Gender Wage Gap in Russia: Some Empirical Evidence", *Labor Economics*, 1996, 3: 337—356.

③　Ibid.

4-1（A）和图4-1（B）。家庭发生分工合作后，由于家庭成员充分发挥了各自的比较优势，因此家庭的机会边界将发生扩张［参见图4-1（C）］[1]。

在共同偏好框架内，家庭成员具有单一的效用函数，于是家庭仍只有一条无差异曲线。当无差异曲线与家庭生产可能性曲线相切于 H_1 时［参见图4-1（D）］，妻子将其时间完全投入家庭工作中而不从事市场工作，丈夫则将其时间配置于家庭工作和市场工作；当无差异曲线与家庭生产可能性曲线相切于 H_2 时［参见图4-1（E）］，丈夫将只从事市场工作而不进行家庭工作，妻子则将时间在家庭工作和市场工作之间进行分配；当无差异曲线与家庭生产可能性曲线相切于 H_3 时［参见图4-1（F）］，丈夫和妻子之间进行了完全的专业化分工，妻子仅从事家庭工作，而丈夫仅从事市场工作。

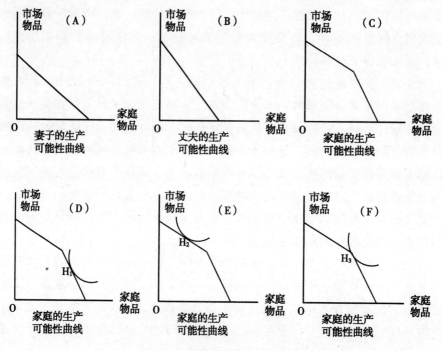

图4-1　家庭内部的分工方式

----

① 分工合作所导致的生产边界的扩张，国际贸易的相关理论有详细的介绍，在此不再赘述，只是利用该研究成果对家庭分工进行分析。

假设家庭生产效率不变，妻子的工资保持不变，而丈夫的市场工资上升，于是丈夫生产家庭物品的机会成本将相对上升。家庭双方成员的比较优势差异更加明显。此时家庭内进行更大程度上的专业化分工将是有利的，丈夫将时间更多地用于市场生产，而妻子将时间更多地用于家庭生产。当工资差距达到一定程度后，将可能实现家庭的完全专业化分工，即妻子退出劳动力市场，只从事家务工作，而丈夫只从事市场工作。当然妻子工资率的上升会削弱这种分工的趋势。但是只要丈夫工资的增长超过了妻子工资的增长，分工仍将向着深化的方向发展。这就解释了为什么随着性别工资差距的加大，女性劳动参与率会呈现出下降的趋势。

二、家务劳动与女性劳动参与

正如以上所说，家庭效率的提高取决于家庭成员之间的劳动分工。如果相对男性而言女性在家庭部门更有效率，而男性的市场工资率较高的话，那么效率高的家庭将会把女性的时间主要配置于家庭部门，而丈夫的时间主要配置于市场部门。家庭生产效率也就成了女性劳动参与的重要影响因素。家庭生产与市场生产相对效率的变动，导致了家庭物品和市场物品之间相对价格的改变。当市场物品变得相对廉价时，更多的家庭物品将为市场物品所替代，反之，家庭物品将替代市场物品。

在新中国成立初期，随着工业化的发展和现代化的建设，性别间的劳动分工有了新的变化。为了社会主义建设事业的需要，城市妇女被广泛地调动起来，和男人一道共同从事社会生产劳动，从而扮演起"工作者"这一新的性别角色。但是与此同时她们仍继续承担着传统角色所赋予的那些职责：操持家务、照料小孩和老人。随着社会经济的不断发展，城市妇女的外出就业也变得日益普遍，广大妇女不得不肩负起"工作"和"家务"这双重的负担。所以90%的职业妇女有程度不同的家务劳动繁重感以及社会、家庭双重角色冲突感。为了减轻工作妇女的家务负担，政府在财力十分紧张的情况下，兴办了许多有利于家务劳动社会化的福利事业，如收费低廉的托儿所、幼儿园、洗衣社、缝纫组、修理铺等。全国幼儿园数由1952年的6531个发展到1992年年底的172506个，其中各级妇联组织就创办了12750个。以上措施使市场物品变得相对廉价，促使家庭更多地用市场物品来替代家庭物品，于是为最大限度地调动女性参与社会生产劳动起到了很重要的作用。

经济转型和社会转型带来了女性劳动参与率的一些新的影响因素。其中一些积极的因素包括：（1）从 70 年代初开始，由于城市地区普遍实行"一对夫妻只生一个孩子"的新人口政策，从而使生育率下降，家庭规模逐渐缩小，1992 年市镇家庭户平均每户人口为 3.54 人①。生育率的下降使生儿育女不再成为女性历时最长的沉重负担，妇女花在生育等家务方面的时间有所缩减。这也导致了妇女有可能越来越多地参与社会经济活动，成为家庭的供养者。（2）伴随着科技的发展，一些家用电器的研制和普及，家庭劳动强度得到减轻，家务劳动的效率得到提高，从而缩减了家务劳动时间。（3）家庭服务业（又称家政服务）的兴起，使部分家务劳动由家庭内的分工转为市场内的分工，这也对推动女性劳动参与率的提高起到了积极作用。

虽然经济转型和社会转型为进一步推动女性参与社会经济活动带来了一些积极的影响，但是女性在家庭分工和家务劳动方面所面临的前景仍不容乐观。（1）随着政府资源配置能力的弱化，政府对妇女的一些行政性保护措施的力度也开始减弱。"单位"的社会功能也从经济功能中剥离开来，所承担的社会功能不断削弱。无论是生育还是养育小孩的成本，都由政府承担逐渐转向由家庭承担。这就导致了妇女参与市场劳动的机会成本随之升高。家庭在进行分工决策时，必须综合考虑家庭成员的市场工资情况和生育、养育小孩的成本状况，进行权衡。因此虽然家政服务市场化水平的提高，有可能促使女性通过增加市场工作时间、增加收入来购买市场服务，从而提高女性劳动参与率，但是家政服务价格的提升却抵消了这种增加的趋势。②（2）就作为社会支持系统之一的托儿所情况而言，虽然我国托儿所数量较多，但是由于托儿服务质量、计划生育政策和育儿观念的影响，我国的托儿所仍以日托为主，全托率很低，孩子晚上仍需家长照顾，家庭的育儿负担仍然很重。

因此尽管妻子们已跟丈夫们一样在外就业，分担了传统上由丈夫一人承担的供养家庭的责任，但是她们仍承担繁重的家务劳动。无论是全国的数据

---

① 公安部编：《中华人民共和国全国分县市人口统计资料》（1992 年度），第 49 页。

② 对其他转型国家的女性劳动供给进行的研究发现，托儿所制度的取消极大地影响了女性的劳动参与（Brinkmann, 1993, 转引自 Hunt, 2002）。Chase（1997）在对捷克斯洛伐克共和国的研究中也发现，经济转型开始后，家中幼儿的人数会对妇女劳动参与造成较转型前大得多的负面影响。

还是分地区的数据都说明了这一现象。2000 年第二期中国妇女社会地位抽样调查显示，2000 年时承担家务劳动以女性为主的格局仍未改变。有 85%以上的家庭做饭、洗碗、洗衣、打扫卫生等日常家务劳动主要由妻子承担。城镇在业女性平均每天用于家务劳动的时间为 2.9 小时，比男性多 1.6 小时。不仅全国的情况如此，家政服务市场化程度较高的发达地区家务劳动也仍以女性承担为主。以上海为例，2000 年，上海已婚女性每天在家务劳动上所花平均时间是丈夫的 2.12 倍（参见表 4 - 2）。城市 60% 家庭的家务主要由妻子承担，以丈夫为主的家庭仅占 13%；农村家务由妻子包揽的高达68%，而以男性为主的仅占 10%。从家务劳动的分布情况上看，在市区以女性为主的家务劳动包括做饭（77%）、饭后洗刷（67%）、洗衣（85%）、打扫卫生（84%）、孩子照料（86%）。而丈夫作为主要承担者的家务劳动仅为非日常性的重体力活。在日常购物和辅导孩子功课方面，夫妻作为家务主要承担者的比例相差无几（参见表4 - 3）。

表 4 - 2　　　　　　　城乡夫妻关于哪一方承担更多家务的自述

	男			女		
	郊县	市区	合计	郊县	市区	合计
配偶承担更多（%）	65	60	61	9	12	11
差不多（%）	24	25	25	21	29	27
本人承担更多（%）	12	15	14	70	59	62
本人家务总时间（小时）	1.78	1.71	1.73	3.46	3.73	3.67
样本量（人）	300	550	850	396	675	1071

　　数据来源：2000 年 12 月进行的"第二期上海妇女社会地位调查课题"，转引自徐安琪、刘汶蓉，2003。

表 4 - 3　　　　城乡夫妻自述以女性为主的家务劳动分布情况（%）

	做饭	洗碗	洗衣	打扫	购物	育儿	辅导	重活
郊县	87	88	96	86	41	89	50	5
市区	77	67	85	84	63	86	54	6
合计	81	76	90	85	53	87	52	5

　　数据来源：同上。

　　由此可见，经济转型中，家务劳动的市场化并没有切实解决职业女性的角色冲突问题。随着政府行政力量的削弱，用市场产品代替家庭产品的成本开始上升，这就对进一步推动家庭内部分工起到了推波助澜的作用。

本书在随后的第七章中对比了经济转型前后小孩人数对女性劳动参与决策的影响力度，目的正是希望对以上论述进行实证检验。

第四节　传统家庭劳动供给理论的适用性分析

以上的分析都建立在共同偏好模型的理论基础上。然而在经济转型和社会各个方面都不断变革的环境中，家庭成员服从单一的家庭效用函数还是一个符合现实的假定条件吗？共同偏好模型还适用于对转型国家的情况进行解释吗？女性劳动参与率下降反映出来的确实是家庭分工效率的提高吗？转型国家所显示出的一些情况表明，情况并没有这么简单。

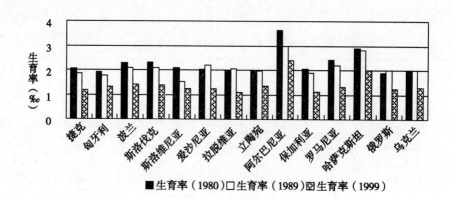

■生育率（1980）□生育率（1989）☒生育率（1999）

图 4 - 2　转型国家的生育率

数据来源：William Davidson Institute based on the World Bank World Development Indicators，2001，and the Global Market Information Database，此处转引自 Svejnar（2002）。

第一，就我国的情况而言，虽然在观念上支持传统家庭分工观念的人越来越多，但是无论从现实的时间配置模式上，还是从时间配置模式的变动上看，我国家庭分工模式与传统的劳动供给模型并不吻合。

在传统的劳动供给模型中，有效率的家庭分工模式应符合比较优势原则，工资较高的一方从事更多的市场劳动，工资较低的一方则从事更多的家庭劳动。然而根据国家统计局 1990 年对时间配置方式的调查数据，却可以发现，在我国性别工资差距仍不大的情况下，家庭时间配置模式与传统的劳动供给理论并不相符。男女用于市场工作的时间相差不大，平均每

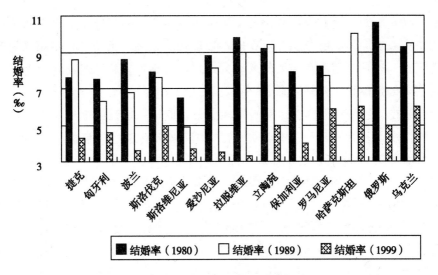

图 4 - 3　转型国家的结婚率

数据来源：同上。

周男性仅仅比女性多工作半个小时；而用于家务劳动的时间却相差显著，平均每周女性的家务劳动时间要比男性多出两个钟头①。女性在承担着与男性相近似的市场劳动的同时，还肩负着家务劳动的重压。服务和现代化设备的缺乏导致这种现象更加严重。

此外，时间配置模式的变动趋势也与传统模型不符。从家庭分工模式随经济转型的推进而变动的情况来看，虽然女性劳动参与率在下降，但是女性的时间配置并没有像传统的劳动供给模型中所说的那样，从市场劳动转向了家务劳动。有关调查却显示，虽然女性劳动参与率的下降速度快于男性，并且与男性的工资差距也在加大，但是女性平均每天用于家务劳动的时间多于男性的数量却不断下降，十年间，这一差距下降了 6 分钟②。这里用的指标是女性家务劳动时间多于男性的数量。之所以不直接用女性家务劳动时间，是为了排除家庭技术变革的影响。家庭技术的改革也能使家庭成员用于家务劳动的时间减少。而男女对比的家务劳动时间，强调的则是家庭分工方式。从中可以看出，虽然女性劳动参与率在下降，但是女

①　Gustafsson，B. and S. Li，"Economic Transformation and the Gender Earnings Gap in Urban China"，*The Journal of Population Economics*，2000，13（2）：305—329.

②　陈钊、陆铭、吴桂英：《经济转型中的婚姻家庭与女性就业：对相关事实的经济学理解》，《中国社会科学评论》2004 年第 1 期。

性的时间配置并没有像传统的劳动供给模型中所说的那样，从市场劳动转向了家务劳动。家庭分工并没有进一步深化。总之，无论是时间配置的现有模式，还是时间配置模式的变动方式，都很难直接从传统家庭劳动供给的共同偏好模型中得到解释。

第二，经济转型同时也对婚姻和生育造成了一定程度上的冲击，虽然从整体上说，经济转型并没有对已存在的婚姻造成强大的破坏后果，但是生育率和结婚率，在转型国家中都发生了实质性的下降[①]（参见图 4 - 2 和图 4 - 3）。经济转型对中国婚姻的冲击效果就明显了。由于中国大量现有的婚姻本身就是有问题或说是低质量的[②]，在面临转型所带来的心理压力和经济压力时，这类婚姻更容易破裂，因此，除了结婚率和生育率的下降外，转型对中国婚姻的影响还表现为离婚率的明显上升（参见图 4 - 4）。生育率的下降对劳动供给的影响在传统的劳动供给模型框架下可以得到一定程度的解释：生育率的下降会减少对家庭劳动的需求，进而使更多的已婚妇女可以用市场劳动代替家庭劳动，提高女性劳动参与率。而结婚率和离婚率的上升，却导致家庭单一的效用最大化这一假设前提很难成立。

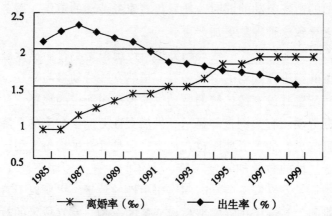

图 4 - 4   中国的出生率和离婚率（1985—2000 年）

数据来源：历年《中国统计年鉴》（中国统计出版社）。

---

① Jan Svejnar, "Transition Economics：Performance and Challenges", *Journal of Economic Perspective*, 2002, 10（1）：3—28.

② 叶文振：《当代中国婚姻问题的经济学思考》，《人口研究》1997 年第 6 期。

一方面，在家庭破裂或者根本不存在的情况下，家庭联合效用最大化根本就无从谈起，未婚女性和离婚妇女必须进入劳动力市场，通过就业来维持生活；另一方面，最为重要的是，离婚率的上升导致了越来越多的人对家庭的稳定性产生怀疑，一旦已婚妇女考虑到离婚可能导致生活水平下降，她们就会更多地进行自身的人力资本投资和工作经验的积累，以确保其人力资本存量不断增长，已婚妇女的这种劳动供给行为，最大化的其实是她们个人的未来冲突收益，而不是家庭的联合效用。陈钊、陆铭、吴桂英（2004）的工作正是从这一点出发，他们认为，虽然中国经济转型期间，女性劳动参与率总体上呈现下降趋势，但是这种下降趋势是在不断减缓的，离婚率的上升正是抵消市场化进程对中国女性劳动参与率作用的一个重要因素。

第三，从转型国家的整体就业形式上看，虽然不同国家就业率下降的具体情况有所不同，但是就业率的大幅度下降已经成为大多数转型国家的共同特征，并且大多数转型国家就业率下降的比重大约都在15%—30%之间（Jan Svejnar，2002）①。我国的数据也显示，随着经济体制的转轨和经济结构的调整，我国的失业率也正处于不断上升的趋势中。虽然普遍来说，女性要比男性面临更大的就业压力，但是不可否认的是，也有相当大比重的男性成为改革过程中的"利益受损者"。以乌克兰、俄罗斯、保加利亚和波兰为例，在这些国家转型的前几年里，女性劳动参与率有了大幅度的下降，而男性劳动参与率的下降甚至超过了女性（Jan Svejnar，2002）。在这种背景下，女性劳动参与的下降就不能简单地解释为家庭联合效用的最大化了，还必须考虑经济环境对个体劳动供给行为的影响。

此外，转型国家中一些特有的制度现象，如劳动力市场分割、最低工资限制等，都可能通过影响工资或者说是预期工资而影响女性的劳动供给，如何将这些制度变量纳入劳动供给的分析框架中，是西方国家文献中所没有的，也是转型国家中理论研究的空白。

---

①　比方说，俄罗斯、斯洛伐克和罗马尼亚的就业率从转型开始至今，就一直处于不断下降的趋势中，保加利亚、匈牙利和斯洛维尼亚的就业率沿着L形的曲线发生变动，即开始时迅速下降，后来保持平稳；波兰的就业率沿着U形曲线变动：开始时下降，后来逐渐上升；捷克共和国的就业率则沿着S形的曲线变动（Jan Svejnar，2002）。

第五节   集体博弈框架内的理论分析

共同偏好模型不能完美地解释中国改革以来女性就业和家庭分工的一些事实，于是需要引入新的分析框架来对女性劳动参与率变动中为共同偏好模型所不容的"剩余"部分加以解释。

一、现象：教育增长与女性劳动参与率下降

集体博弈分析框架的引入基于以下事实：在校女生人数的增加在女性劳动参与率的下降中占了很大比重。虽然各年龄段女性劳动参与率都有所下降，但是女性劳动参与率下降最快并且最多的却是16—19岁和20—24岁这两个年龄段。16—24岁女性人口中在校生所占比重从1988年的27.9%上升到了2002年的59.68%，从而造成这一年龄段女性劳动参与率的大幅下降。因此女性劳动参与率的下降，不仅反映了部分妇女回家的现象，更加反映了年轻女性更多地追求人力资本投资的趋势。

一般来说，教育与劳动供给之间有着正向的关系。如果说教育的增加意味着未来劳动供给的增加，那么从我国高校女生比重大幅上升这一现象中反映出来的是，虽然目前女性由于接受教育而造成她们劳动参与率暂时下降，但是接受更多的教育会促使她们未来更多地参与社会劳动。因此经济转型中女性生命周期内劳动力市场归属在加强，而不是减弱。

女性劳动力市场归属的加强趋势在现阶段并没有体现出来，原因有二。其一，改革开放以前，我国长期实行具有一定政治意义的"充分就业"政策，畸高的女性劳动参与率正是这一政策的人为后果。改革开放后，随着经济体制改革尤其是劳动力管理体制改革的深入，计划经济体制下所隐藏的"就业泡沫"、"过剩就业"和隐形失业问题逐渐暴露，我国的劳动参与率，包括女性劳动参与率水平不断下降。经济体制改革的影响如此之大，以至于掩盖了其他因素如社会变迁等对女性劳动参与的作用。如果把经济体制的改革以及供过于求的劳动力市场态势这些因素剔除掉，我国现阶段的女性劳动参与率应该随着社会变迁而不断增加。其二，女性劳动归属的加强趋势可能要假以时日，等目前的在校生大规模步入劳动力

市场后才能体现出来。

于是产生如下问题：为什么经济转型中女性会花更多的时间在接受教育上呢？为什么随着经济转型收入性别差距的加大女性的劳动力市场归属反而在增强呢？

从表面上看，高校女生人数增多这一现象并不奇怪。作为高校近年扩招的政策性后果，女生人数当然也会增加。转型国家中教育投资的收益率不断提高，这也会激励人们更多地对自身的人力资本进行投资。但是，通过进一步的观察又可以发现，不仅高校女生的人数在不断增加，而且我国高校女生占高校学生总人数的比重也在持续上升。1994 年，我国高校女生所占比重仅为 34.5%，到 2001 年时，该比重上升到了 42%，增加了近8 个百分点（参见图 4 - 5）。

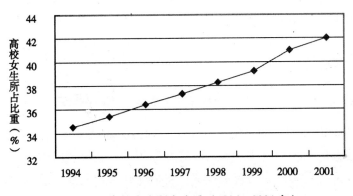

图 4 - 5　高校女生所占比重（1994—2001 年）

数据来源：历年《中国统计年鉴》（中国统计出版社）。

女性在教育、参与市场劳动与退出劳动力市场之间进行选择，实际上也是女性决定如何在生命周期内最有效地配置自己时间的决策过程。这个问题不光涉及人力资本投资决策的问题，还涉及劳动供给决策。然而人力资本的有关理论和传统的劳动供给理论都难以解释上述现象。

从人力资本投资的角度来看，虽然转型国家中男女的教育投资回报率都在不断上升，并且从量上看，女性的教育投资回报率甚至要高于男性，但是研究表明，女性教育投资回报率的增长速度要低于男性。这也是为什么转型国家中女性受教育程度普遍较高，但是她们与男性的工资差距却仍在不断加大的其中一项重要原因①②。如果这一点成立的话，那么就很难理解，为什么在市场化改革进程中，随着男女工资差距的拉大，女性会比男性对增大教育投资更有积极性。

虽然静态的劳动供给模型中，教育是外生的。但是动态的劳动供给模型中，教育和劳动参与却是双向互动的关系，不光教育程度可以影响劳动供给决策，教育决策的做出也是建立在对未来劳动供给的预测上的。特别是就年轻女性而言，由于她们考虑的不光是当期的分工收益，还要考虑生命周期内的预期收益。从这一角度来看，教育是生命周期内劳动供给最优决策的一个内生变量。如果预期未来更大的劳动归属，那么加大教育投资就成了理性的选择。反过来，假设在一个性别歧视极端严重的劳动力市场上，女性所能获得的工资相当低，绝大多数家庭遵循传统的方式进行分工，女性就会预期未来较低的劳动归属，这种情况下就很难想象女性还会有足够的动力来追求高等教育。正如前文所述，我国劳动力市场上女性就业形式日益恶化。共同偏好基础上的动态劳动供给模型也很难解释为什么此时女性反而会更加追求人力资本的投资。

二、简化的教育内生的家庭动态合作博弈模型

本书简化了 Miriam Beblo（2000）提出的家庭动态合作博弈模型③，来说明在考虑到人力资本投资的战略性作用后，选择暂时不进入劳动力市场，而是进行更多的人力资本投资，将成为转型期间女性理性的行为。

个人的劳动供给和相关决策过程被简化为两个阶段。第一阶段为家庭成立之前，这时男女独立地对各自的人力资本进行投资，时间在教育投资（K）和闲暇（L）之间进行分配；第二阶段为家庭阶段，时间被配置于市场劳动（M）、家庭劳动（H）和闲暇（L）。

U_t^m 和 U_t^f 分别表示男性和女性在第 t 期所得到的效用。第一期在教育和闲暇之间的时间配置，实际上是个人独立决策的结果，依据的是生命周

---

① Elizabeth Brainerd, "Women in Transition: Changes in Gender Wage Differentials in Eastern Europe and The Former Soviet Union", *Industrial and Labor Relations Review*, 2000, 54 (1): 138—162.

② Barbara Lobodzinska, "Polish Women's Gender-Segregated Education and Employment", *Women's Studies International Forum*, 2000, 23 (1): 49—71.

③ Miriam Beblo, "The Strategic Aspect of Female Employment: A Dynamic Bargaining Model and its Econometric Implementation", www.cerforum.org/conferences/200006/papers/beblo.pdf.

期内效用总和最大化的原则，男女独立决策的目标分别是 $\mathrm{Max}(U_1^m + U_2^m)$ 和 $\mathrm{Max}(U_1^f + U_2^f)$。

而在第二阶段，家庭时间的分配则是家庭成员纳什合作博弈的结果，根据公理性的纳什解，家庭的闲暇和消费的分配取决于家庭成员合作收益之积。其中合作收益是指个人所实现的效用扣除冲突收益之后的剩余。如果以离婚作为威胁点的话，那么冲突收益就是家庭不存在的情况下个人所能获得的最大收益，此处定义为 D_t^i。于是家庭成员第二期的决策依据就是 $\mathrm{Max}[(U_2^m - D_2^m)(U_2^f - D_2^f)]$。虽然各期的效用是可分离的，但是前期的时间配置方式会决定后面各期的冲突收益，因此各期的时间配置决策在事实上是不可分离的。第一期进行人力资本投资时必须考虑到对后期纳什合作博弈结果的影响。

1. 单人单期的决策过程

假设每个人的目标都是最大化其消费（X^i）和闲暇（L^i）所带来的效用，也就是：

$$\mathrm{Max}U^i(X^i, L^i)$$

其预算约束为：

$$X^i = X_M^i + X_H^i$$

其中，

$$X_M^i = w^i M^i, \qquad X_H^i = Z(H^i)$$

并且

$$T = M^i + H^i + L^i$$

其中消费的对象包括了市场购买的商品 X_M^i 和家务劳动所生产的产品 X_H^i，并且购买能力取决于工资率 w_t^i 和市场劳动时间 M_t^i，而家庭产品的多少则取决于家庭成员的劳动时间总和以及家庭生产函数 Z，这是最优规划的两点约束条件。

在以 Becker 为代表的传统的时间配置模型里，最优的时间配置方式要满足以下条件：配置于任何一种方式所产生的边际效用相等，即：

$$\frac{U_L^i}{U_X^i} = Z^i = w^i \quad (U_L^i = \frac{\partial U^i}{\partial L^i}, U_X^i = \frac{\partial U^i}{\partial X^i}, Z^i = \frac{\partial Z}{\partial H^i}) \quad (1)$$

在（1）和以上的约束条件下，可以得出单人最优决策。在这种最优的时间配置方式下，个人实现了效用的最大化。这个最大化的效用就是 $D^i(w^i, Z^i)$，也就是在离婚威胁模型中，假设离婚发生的情况下，个人所能得到的最大效用，即个人的冲突收益，它反映了婚姻的机会成本。

2. 静态的家庭纳什合作博弈过程

第二期的博弈建立在第一期决策的基础上，就这一期而言，第一期的行动可被视为给定的；并且由于不用再考虑对今后的影响，所以可被视为静态的家庭合作决策过程。纳什合作博弈的目标是实现：

$$\text{Max}\left[\left(U_2^m - D_2^m\right)\left(U_2^f - D_2^f\right)\right] \qquad (2)$$

其中，

$$U_2^m = U_2^m(X_2^m, L_2^m) \;,\; U_2^f = U_2^f(X_2^f, L_2^f)$$

预算约束为：

$$X_2^m + X_2^f = X_2 = X_{2M} + X_{2H}$$

其中

$$X_{2M} = w_2^m M_2^m + w_2^f M_2^f$$

$$X_{2H} = Z(H_2^m + H_2^f)$$

并且

$$T = M_2^i + H_2^i + L_2^i \;,\; i = m, f$$

与共同偏好模型相同的是，家庭成员的最优时间配置同样要遵循（1）式中边际效用相等的原则。男女在组成家庭后，也是根据比较优势不同，进行家庭内分工，工资更高的一方将从事更多的市场劳动。家庭分工的好处体现在家庭的效用达到了最大化，家庭总效用超过了两个独身个体的效用总和，即能够通过分工产生剩余。传统理论对转型期间女性劳动参与率下降的解释正是基于这一点，即相对于男性而言，当女性的市场工资或者是预期的市场工资（市场工资乘以找到工作的概率）下降后，家庭最优的分工选择就是女性将时间更多地配置于家庭生产。如果不考虑家庭内效用的分配和家庭的稳定性，那么传统的解释的确成立。

而与共同模型不同的是，这里定义了个人的可分离的效用，这是对传统模型的一大改进。传统模型中，消费被视为公共品。事实上，家庭总消费水平不变时，与消费更多的服装相比，消费更多的烟草会给丈夫带来更大的效用。因此与传统的时间配置模型关注于分工方式相对比，可分离的效用则更注重解决下面这一问题：如何在家庭成员之间分配分工产生剩余。纳什议价方法的采用为解决这一问题提供了途径。（2）式中的纳什合作议价规则实际上就为家庭提供了一种分配原则，根据这一原则，冲突收益的提高，将能够使个人在家庭产品和市场商品在家庭内的再次分配中处于更有利的地位。

$$\frac{U_X^m}{U_X^f} = \frac{U_2^m - D_2^m}{U_2^f - D_2^f} \qquad (3)$$

根据（1）式和（3）式可得，

$$\frac{U_L^m}{U_L^f} = \frac{w_2^m(U_2^m - D_2^m)}{w_2^f(U_2^f - D_2^f)} = \frac{Z^m(U_2^m - D_2^m)}{Z^f(U_2^f - D_2^f)} \qquad (4)$$

简而言之，在这个静态的纳什合作博弈过程中，家庭成员根据（1）式实现家庭最优的时间配置决策，再根据（3）式和（4）式来分配家庭的剩余，从而可以同时实现个人效用和家庭效用的最大化。其家庭成员效用最大化的结果可以表示为：

$$\text{Max} U_2^{i*} = U_2^i(X_2^{i*}, L_2^{i*}) = U_2^{i*}(w_2^m, w_2^f, Z_2^m, Z_2^f), \quad i = m, f$$

即家庭成员在第二期的纳什博弈均衡解是家庭所有成员的工资和家庭生产力的函数。考虑到人力资本的积累因素后，工资根据第一期的人力资本投资决策确定，因此第二期的纳什合作博弈解也就成了第一期决策的函数。

3. 教育投资决策过程

第一阶段的时间配置会影响第二阶段的决策，因此要推出第一阶段的最优解，就必须考虑到第一阶段的决策是如何影响第二阶段的最优决策的。虽然第一阶段中家庭还未成立，但是理性的个体会预期到今日的人力资本投资决策会通过影响工资而影响到未来的家庭收入和家庭效用分配。于是第一阶段的目标就是实现：

$$\text{Max}(U_1^i + U_2^i)$$

即

$$\text{Max}(U_1^i + U_2^{i*}) \qquad (5)$$

第一阶段中每个人都有自己独立的预算约束，即：

$$T = M^i + K^i + L^i$$

$$w^i M^i - X^i \geq 0 \quad i = f, m$$

最优的时间配置方式要满足（5）式。于是有：

$$\frac{U_L^i}{U_X^i} = \frac{1}{U_X^i}\left|\frac{\partial U_2^{i*}}{\partial K^i} + \frac{\partial U_2^{i*}}{\partial D^i}\frac{dD^i}{dK^i}\right| \qquad (6)$$

由于就全日制学生而言，其工资约等于零。因此时间的影子价格只是包括对未来效用的影响。并且由于个人的第二期工资和其人力资本积累通常是正相关的，因此可以定义：

$$w_2^i = w(K^i), \quad 且 \frac{\partial w_2^i}{\partial K^i} > 0, \frac{\partial^2 w_2^i}{\partial^2 K^i} < 0$$

教育的边际产出体现在对未来效用的影响上，这种影响可分成两个部分：其一是直接效应。由于教育对人力资本积累起到了正的促进作用，会提高在第二期的工资，从而扩大了将来家庭对商品和劳务的购买能力，使家庭的整体经济实力加强，也就是说教育会通过工资对第二期的效用产生直接影响。其二是间接的议价效应。由于教育提高了预期工资，从而能够提高个人的冲突收益，使个人在家庭的效用分配中占更有利的地位。

$$\frac{dD^f}{dK^f} > \frac{\partial U^f}{\partial L^f}$$

即：只要通过增加一单位的人力资本投资就能增加的未来冲突收益，能够大于第一期减少对闲暇的消费而损失的效用，那么个人就会受到激励，从而在第一期接受更多的人力资本投资。

如果采用传统模型中的联合决策假定，那么个人在成本和收益之间进行权衡时，仅考虑第一种直接的效应，即 $\frac{\partial U_2^{i*}}{K^i}$，即增加人力资本投资所能带来的当期个人效用和未来家庭效用之和。在忽略教育间接的议价效应后，（6）式变成：

$$\frac{U_L^i}{U_X^i} = \frac{1}{U_X^i}\left|\frac{\partial U_2^{i*}}{\partial K^i}\right|$$

个人效用最大化的决策依据就是使增加一单位闲暇所能提高的当期效用与增加一单位教育投资所能提高的预期总效用相等。这时的 K 也就是对未来家庭来说最有效的人力资本投资，定义为 $\tilde{K}$，两期家庭的预期效用总和同时也达到了最大化，定义为 $\tilde{U}_1^i$。个人此时也不会受到激励将更多的时间用于进一步的人力资本投资。

但是在本书的动态家庭合作博弈框架下，个体进行大于 $\tilde{K}$ 的人力资本投资，虽然不能增加 $\tilde{U}_1^i$，但是将会使个人在最大可能效用 $\tilde{U}_1^i$ 中分配到更大的份额，得到更大的效用。也就是说，即使个人人力资本积累可能不能够提高未来家庭的总效用，但是只要过渡教育能够使个人在家庭决策过程中处于更有利的博弈地位，那么进行更多的教育投资将是其必然的选择，即个人对人力资本投资量的理性选择将会导致对家庭来说过度的人力资本投资。

三、教育内生的家庭动态合作博弈模型对我国情况的解释

近20年以来，中国不仅处于经济转型的重大变革中，也同样处于社

会和文化由传统向现代的不断转型过程中。家处于由旧家到新家的解体和生成过程中，各类家庭的解体，成了社会转型的某种象征。在这样一个过程中，女性劳动参与率的下降、高校女生比重的增加以及婚姻稳定性的下降，这些现象是同时发生的。当外部世界的离婚率升高时，就给家庭发出信号：婚姻和家庭越来越不稳定了。因此当离婚率升高时，婚姻契约的可执行性就变差，联合决策的家庭分工模式就很难实现。对女性而言，如果她们仅考虑当期的分工利益，而放弃市场劳动，那么在一个婚姻越来越不稳定的社会里，她们一旦离婚就很难重新工作或是只能以低工资工作，在家庭分工收益的分配上也处于不利地位。考虑到这个不安全的因素后，女性就会选择更多地参与劳动，其形式是推迟进入劳动力市场时间，接受更多的教育，提高未来就业能力。虽然预期未来市场工资和就业状况恶化，但是只要婚姻的不稳定状况不能缓解，就女性生命周期内最优决策而言，进行更多的教育投资仍是其理性的选择。

第六节 本章小结

从研究发展的阶段来说，西方经济学对女性的劳动供给行为的研究已比较成熟。而对比之下，对转型国家中女性劳动供给行为的分析才刚刚起步，大多数有关的文献还只是停留在对相关背景进行描述的阶段，理论和实证基础都显得十分薄弱。

共同偏好模型为解释经济转型中女性劳动参与率的变动提供了不错的分析框架。性别工资差距的扩大以及家务劳动市场化的影响都能被纳入这个框架下进行分析。然而转型社会的特殊性和复杂性却使共同偏好模型并不能完美地解释经济转型中女性就业和家庭分工的一些现象。教育内生的家庭动态合作博弈模型则有助于弥补这些不足。值得一提的是，家庭动态合作博弈模型和共同偏好模型之间并不构成替代关系，对于中国女性就业的大多数问题，共同偏好模型都有着很强的解释力，家庭动态合作博弈模型只是进一步发现影响家庭分工的"剩余"因素而已。经济转轨对女性劳动参与率的负面影响，与以婚姻家庭不稳定性增加为特征的社会变迁对女性劳动参与率的正面影响同时存在，前者的作用远大于后者，从而使近20年来女性劳动参与率呈现出持续下降趋势。

第五章

女性劳动供给函数的估计及
对共同偏好模型的检验

在过去的很多年内，对家庭劳动供给的理论和实证研究一直都沿用共同偏好模型，其最基础的假定前提是家庭成员都遵守单一的家庭效用函数。无论是家庭的消费行为，还是家庭的生产行为，都要服从这个效用函数。然而这一前提无论在理论，还是实证上都受到了广泛的批判。从理论上说，方法论上的个人主义（individualism）已成为现代微观经济学的核心，经济研究越来越重视理论所依存的微观基础。劳动供给相关理论的进展也正朝着这一方向前进。近年内发展起来的家庭劳动供给的集体博弈模型强调了家庭成员个人的偏好，使其不再被传统模型中单一的家庭效用函数所湮没，并使家庭内部决策过程也被纳入经济研究的视野中。从实证上说，大量实证研究结果都拒绝接受共同偏好模型的假设前提（详见第三章）。

我国经济正处于转型过程中。从计划体制向市场体制的转变，导致劳动力资源配置的市场化程度日益提高。人们的劳动供给行为也发生了很大改变，劳动报酬对劳动的激励作用日益凸显出来。但是与此同时中国经济制度的复杂性也意味着经济转型的过程不可能在短期内完成。现代劳动力市场的发育还处于滞后状态。转变中的经济远比一个定型的经济要更为复杂，这对研究劳动供给行为而言，就意味着更多的不确定性和挑战。在发育不完全，并且仍在不断变革的劳动力市场条件下，利用传统的共同偏好的劳动供给理论是否能够充分解释女性个体的劳动供给行为呢？闲暇对我国女性劳动力而言是否是正常商品呢？女性劳动供给对工资变动的反应如何呢？出于探寻这些问题的目的，本章对我国女性劳动供给函数进行了估计，并对家庭劳动供给共同偏好模型在我国的适用性进行了检验。

第一节　劳动参与方程与共有收入假说

为了验证共同偏好模型在我国是否适用，可以通过建立女性劳动供给行为的实证模型，对其进行系统的多因素分析。通常认为，个人将对退出劳动力市场与劳动参与两种状况中所能获得的效用进行比较，从而来决定是否参与市场劳动。如果参与市场劳动所能获得的效用（U_{in}）大于退出劳动力市场所能获得的效用（U_{out}），那么退出劳动力市场者将选择重新进入劳动力市场；反之，经济活动者将选择退出劳动力市场。如果劳动参与的效用值提高的话，那么更多的人将选择参与市场劳动，表现为劳动适龄人口中的劳动参与率提高。

一、个体劳动供给模型基础上的劳动参与方程

定义变量 $P_i{}^*$，使 $P_i{}^*$ 为劳动参与的净效用，即 $P_i{}^* = U_{in} - U_{out}$。在简化的劳动参与模型中，$P_i{}^*$ 是个人的工资率（W_i）、非工资收入（V_i）等变量的函数，因此个人劳动参与函数可以近似地表现为以下形式：

$$P_i{}^* = \alpha_0 + \alpha_1 \log(W_i) + \alpha_2 V_i + Z_i + \varepsilon \qquad (1)$$

$P_i{}^*$ 也可理解为潜在的劳动参与变量，当该变量大于 0 时，劳动者参与市场经济活动，反过来当该变量小于或者等于 0 时，劳动者选择退出劳动力市场。ε 是随机误差项。Z_i 是影响劳动供给的其他变量，包括了教育和年龄等个人特征向量、小孩人数等家庭特征向量，以及地区虚拟变量。(1) 式是用来分析女性劳动参与最经典的简化模型。Mincer（1962）、Koster（1966）、Smith（1980）的分析中都曾使用了这一模型。

二、共同偏好模型基础上的劳动参与方程

Heckman（1971）[①] 将 (1) 式进行扩展，使其可以用于家庭背景下家庭成员的劳动参与行为。

$$P_m{}^* = \beta_0 + \beta_1 \log(W_m) + \beta_2 W_f + \beta_3 \bar{V} + Z_m + \xi \qquad (2)$$

$$P_f{}^* = \gamma_0 + \gamma_1 \log(W_f) + \gamma_2 W_m + \gamma_3 \bar{V} + Z_f + \xi \qquad (3)$$

---

① Heckman, J. J., 1971, "Three Essays on the Supply of Labor and the Demand for Goods", Ph. D. Dissertation, Princeton University (May).

其中 m、f 分别表示丈夫和妻子，于是（2）式表示的是丈夫的劳动参与方程，（3）式表示的是妻子的劳动参与方程。$\bar{V} = V_m + V_f$，表示丈夫和妻子非工资收入之和。（2）式和（3）式是建立在家庭劳动供给共同偏好模型基础上的实证研究中最常使用的函数形式。与（1）式相比，（2）式和（3）式更突出强调了家庭背景的存在。除了能衡量出常见的收入效用和替代效应外，还能够衡量出工资的交叉效应（β_2 和 γ_2）。

三、共有收入假说

共同偏好模型中家庭成员的经济行为需要满足一系列的约束条件。对共同偏好模型进行检验最常见的做法是对其共有收入假说（income pooling hypothesis）进行检验。共有收入假说意味着：在家庭成员有着共同的收入预算并遵循共同的效用函数的前提下，无论非工资收入来自于家庭的任何一位成员，都会对家庭的时间配置、劳动供给和资源分配产生无差别的影响，即保持家庭总收入保持不变的同时改变家庭总收入在家庭成员之间的分配方式是不会影响家庭的经济行为的。于是可以通过以下的不受约束模型（unrestricted model）对该假设进行验证。

$$P_i^* = \eta_0 + \eta_1 \log(W_i) + \eta_2 W_j + \eta_3 V_i + \eta_4 V_j +$$
$$Z_i + \zeta \quad i,j = m,f \quad i \neq j \qquad (4)$$

η_3、η_4 表示家庭非工资收入不同来源对家庭成员劳动参与的影响。如果共有收入假说成立的话，那么就有：

$$\partial P_i^* / \partial V_i = \partial P_i^* / \partial V_j \quad 即 \eta_3 = \eta_4 \qquad (5)$$

此时共同偏好模型得到了验证，并且可以通过总的非劳动收入 $\bar{V}$ 来衡量外生收入变动对劳动供给的影响[①]〔如（2）式和（3）式所示〕。

反之，如果 $\eta_3 \neq \eta_4$，那么就意味着家庭成员中谁拥有或者控制了非劳动收入，就会导致家庭不同的需求行为，进而也就意味着家庭成员有着不同的效用函数，传统共同偏好的家庭劳动供给模型的假设前提也就不再成立。此时人们更倾向于通过集体博弈模型对此现象加以解释：丈夫或者

---

①　此外，Unitary model 还要满足 Slustsky Restrictions：

$S_{12} = S_{21}$，即补偿性交叉工资效应的对称性；

$S_{ii} > 0$（$i = m$, f），即补偿性工资效应的非负性；

$S_{11}S_{22} - S_{12}^2 > 0$，即 Slustsky 矩阵行列式的非负性。

妻子非劳动收入的增加能提高丈夫或者妻子在家庭博弈中的地位，因而非劳动收入的不同来源也能改变家庭资源的配置方式。

当然，对传统劳动供给模型假定前提的验证仍需要两个进一步的假设：第一，不同来源的家庭成员非工资收入在购买市场商品或者生产家庭物品时的购买力是无差别的；第二，不同来源的家庭成员非工资收入必须是外生的，即必须不会受到其他家庭成员消费或者生产行为的影响。

本书的研究建立在共同偏好的家庭劳动供给模型的理论基础之上。理由如下：第一，我国传统的"家文化"源远流长，构成了我国传统文化结构的基石和核心，至今仍然影响着人们的行为取向、价值观念和人文性格。在这种"家文化"的背景之下，每个家庭成员都对家庭有很强的依附感，家庭成员劳动供给决策的作出，往往离不开对家庭的利益及声誉的考虑。于是考虑家庭背景就对分析我国女性劳动供给行为显得尤为重要。第二，虽然部分研究认为，由于婚姻和家庭的不稳定性上升，家庭成员间稳定的联合效用难以形成并维系，因而家庭分工的决策结构发生了改变，传统的共同偏好的家庭分工理论不能完美地解释中国改革以来女性就业的一些事实①。但是本书认为，与其他国家相比，我国婚姻的高稳定性趋势依旧。1995 年全国有 105.5 万对夫妻离婚，普通离婚率为每千人口 0.88 对；2002 年全国有 117.7 万对夫妻离婚，普通离婚率为每千人口 0.9 对。虽然从时间序列上看有所上升，但至今没有超过 1‰对，在国际上仍处于较低水平。这在一定程度上反映了我国的婚姻依然具有较强的内聚力和较高的稳定性。以共同偏好为基本假设前提的家庭劳动供给模型仍有着其存在的空间。

值得一提的是，虽然本书的实证研究建立在共同偏好模型的基础上，但是这并不意味着家庭劳动供给的博弈模型对我国的情况没有任何的解释能力。本书以为，共同偏好模型和集体模型对解释不同类型的家庭行为各有利弊。而在婚姻稳定性较高的中国，共同偏好模型更能解释大多数家庭的情况。为了证实这一点，本章也将在随后的部分对此进行验证。

四、其他相关假说

鉴于前人的研究成果，我们对女性劳动参与决策进一步提出以下五个

---

① 陈钊、陆铭、吴桂英：《经济转型中的婚姻家庭与女性就业：对相关事实的经济学理解》，《中国社会科学评论》2004 年第 1 期。

理论假说。

假说1：η_1 的预期符号为正，而 η_3、η_4 的预期符号为负。具体来说，η_1 衡量的是劳动供给的工资总弹性（gross wage elasitisity），体现了非工资收入不变时，本人工资的变动对其劳动参与决策的影响，为正的替代效用和负的收入效应之和。不少研究证实了向后弯曲劳动供给曲线的存在：当工资水平较低时，替代效应超出收入效应，工资总弹性为正；而当工资增加到一定水平时，收入效应则超出了替代效应，工资总弹性为负①②。就我国的情况而言，我国仍属于发展中国家，总体收入水平并不高，因此预期 η_1 的符号为正。η_3、η_4 衡量的是劳动供给的收入弹性（income elasitisity），只要闲暇为正常商品，就可预期非工资收入的增加将会导致闲暇消费的增多和劳动供给的减少，因此 η_3、η_4 的预期符号为负。

假说2：年龄将会对女性劳动参与决策产生非线性的影响。几乎所有女性劳动参与的有关文献中都无一例外地认为年龄将会对女性劳动参与产生十分重要的影响，而在影响方式上不同国家则出现不同特征。年龄对女性劳动参与的影响主要通过三条途径：生育行为、工作经验的积累以及体能和灵巧度的下降。生育行为无疑会导致女性至少在生育期间退出劳动力市场。工作经验的积累能提高收入赚得能力，对经验回报的下降则将降低收入赚得能力，进而降低女性劳动参与。体能等的下降与工作经验的积累对女性劳动参与的作用刚好相反，如果前者超出了后者，同样也会降低女性劳动参与概率。综合这些因素，并对比不同国家的情况可以发现，年龄—劳动参与率曲线大体上可分为三种类型：向左倾斜的倒 U 形（early peak）、M 形（double peak）、倒 U 形（single peak）。向左倾斜的倒 U 形曲线表示女性仅在年轻时参与市场经济活动，一旦结婚或者生育后就永久性地退出劳动力市场。许多低收入国家中由于家庭收入无法支持购买简化家务劳动的电器设备或市场服务，家中必须有一成员全职从事家务劳动，这些国家女性劳动参与率的变动大都符

---

① Welch, Finis, "The Employment of Black Men", *Journal of Labor Economics*, 1990, 8 (1)：S26—S74.

② Welch, Finis, "Wage and Participation", *Journal of Labor Economics*, 1997, 15 (1)：S77—S103.

合这一规律；此外不少传统文化习俗力量强大的国家中女性劳动参与也具有该特征，如中国的台湾地区等。M形曲线是西方发达国家最常见的一种女性劳动参与模式，女性在生育期间暂时退出劳动力市场，当孩子长大后再次重新进入劳动力市场。倒 U 形曲线指劳动参与概率随年龄加大先逐渐增大达到最高点后再逐渐降低。几乎所有国家的男性劳动参与率与部分国家的女性劳动参与率变动符合倒 U 形的变动规律。此时年龄对女性劳动参与决策的影响是非线性的。

假说3：教育对女性劳动参与有显著的影响，但是影响的方向并不确定。教育对女性劳动参与的作用可从三个方面来理解。（1）教育是人力资本存量的象征，教育程度的提高意味着劳动者的市场生产能力的提高，从而导致潜在工资水平提高，于是劳动者教育水平越高，退出劳动力市场的机会成本就越大，参与市场经济活动的概率也就相应提高[1]。但是教育同时也提高了女性的家庭生产能力，提高了女性的保留工资水平，从而在给定工资水平的情况下降低了女性参与市场劳动的概率。这两种替代作用方向相反，何者更大要取决于家庭产品和市场产品之间的替代程度。（2）教育在提高劳动者潜在工资和收入水平的同时，将会通过收入效应促使劳动者消费更多的闲暇，从而降低女性的劳动参与概率。（3）教育对女性劳动参与第三个方面的作用在教育扩张的背景下表现尤为突出，女性在接受更高程度的教育时，无法同时进入劳动力市场，因此教育的扩张将部分降低女性的劳动参与率，对年轻女性更是如此。Psacharopoulos 和 Tzannatos（1991）比较部分国家，发现教育对女性劳动参与有正的影响[2]。Tansel（2002）对土耳其的教育和女性劳动参与进行了实证研究，并且进一步发现教育对女性劳动参与概率的影响并不是线性的，具有更高教育程度的人，教育对其正的影响作用要比对具有低教育程度人的影响作用更大[3]。另外一些研究则表明，教育对劳动参与的影响要取决于经济发展的不同阶段。Smith 和 Ward（1985）对美国 20 世纪 90 年代的情况进行了研

---

① 庄平、毕伟玉：《教育与城镇妇女就业相关性分析》，《人口与经济》2003 年第 1 期。

② Psacharopoulos, G. and Z. Tzannatos, "Female Labor Force Participation and Education", In G. Psacharopoulos (ed.) *Essays on Poverty, Equity and Growth*, Oxford: Pergamon Press for the World Bank, 1991.

③ Tansel, A., "Determinants of School Attainment of Boys and Girls in Turkey: Individual, Household and Community Factors", *Economics of Education Review*, 2002, 21 (5): 455—470.

究，并发现了教育和女性劳动参与之间存在负相关关系①。Kottis（1990）对希腊的研究得出了类似的结论②。就我国的情况而言，教育对女性劳动参与这三个方面的作用都是存在的，教育对女性劳动参与的影响方向并不确定，这取决于实证的分析。

假说4：家中小孩人数对女性劳动参与的影响为负，并且不同年龄阶段的小孩将会产生不同的影响。家中幼儿数将决定着家中家务劳动的多少和家庭支出的多少，同样也是影响就业和劳动参与的重要因素，因此也被纳入了家庭特征向量中。一般来说，家中幼儿人数越多，母亲劳动参与的概率越低。此外，家中幼儿人数的增多还将降低家务劳动和市场劳动之间的替代弹性，劳动参与概率对工资增长的反应也随之变小。而较大年龄小孩人数的增多有可能能够分担母亲的家务劳动，于是有可能增大家务劳动和市场劳动时间的替代弹性，从而在工资增长一个单位的情况下促进劳动参与概率较大幅度的提高。在某些情况下，家中幼儿数还有可能反过来增加女性的劳动参与概率。这主要是出于承担家庭经济开支的需要。

假说5：女性劳动参与决策有着显著的地区差异。经过30多年改革开放的发展，我国经济在持续高速增长的同时，地区之间出现了越来越大的经济差异③。据国家统计局的资料显示，这30多年来，东西部地区GDP之比已经从1980年的1.05∶1扩大到了2003年的2.79∶1，扩大了2.6倍。不同地区经济发展水平不同，必然有着不同的工资水平、物价水平以及就业水平，劳动就业对女性的吸引力以及吸纳能力也就不同。因此经济环境的不同也就带来了女性劳动供给的不同。此外不同地区文化传统也存在较大差异，思想更为保守的地区可能更主张"男主外，女主内"，而思想更为开放的地区则更看重女性的经济独立。

① Smith, James, P. and Michael P. Ward., "Time Series Growth in the Female Labor Force", *Journal of Labor Economics*, 1985, 3 (1): 59—90.

② Kottis, A. P., "Shifts Over Time and Regional Variation in Women's Labor Force Participation Rates in a Developing Economy", *Journal of Development Economics*, 1990, 33: 117—132.

③ Gustafsson, Bjorn and Li Shi, "Income inequality within and across counties in rural China 1988 and 1995", *Journal of Development Economics*, 2002, 69 (1): 179—191.

第二节　Heckman 两阶段法在劳动参与决策计量分析中的应用

本书在对劳动参与决策进行分析时，采用的方法源于 Heckman（1979）的两阶段法。

从劳动参与决策的角度来看，由于仅可观察到两种离散的情况：参与市场劳动，或是不参与市场劳动，因此可用 Probit 模型加以估计。模型形式如下：

$$P_i^* = x'_i\beta + \mu_i \tag{6}$$

$$P_i = 1[P_i^* > 0] \tag{7}$$

其中 $1[P_i^* > 0]$ 为标示函数，表示当潜变量 P_i^* 大于零时取正值 1，其他情况下取值 0。μ_i 独立于 x'_i 并服从标准的正态分布。x'_i 为自变量向量，包括了前文所述的个人特征向量、家庭特征向量和地区特征向量。用极大似然法对（6）式进行估计。对数似然函数表示为：

$$\text{Log}L(\beta) = \sum \{P_i\log[\Phi(x'_i\beta)] + (1 - P_i)\log[1 - \Phi(x'_i\beta)]\} \tag{8}$$

通过极大化（8）式可以得到劳动参与决策方程中 β 最大似然估计量。β 为负表示自变量对劳动参与概率有负的影响。然而 Probit 模型中 β 的大小并不能直接代表因变量对自变量变动的边际影响，边际影响的计算方式如下：

$$\frac{\partial P(P = 1 \mid x)}{\partial x_j} = \frac{\partial P(P^* > 0 \mid x)}{\partial x_j} = \frac{\partial P(\mu > -x'\beta \mid x)}{\partial x_j}$$

$$= \frac{\partial [1 - \Phi(-x'\beta)]}{\partial x_j} = \frac{\partial \Phi(x'\beta)}{\partial x_j} = \varphi(x'\beta)\beta_j \tag{9}$$

其中 Φ、φ 分别为标准正态分布的密度函数和分布函数。β_j 为与 x_j 相对应的系数估计值。当自变量取均值时，（9）式则表示了在均值处，x_j 变动一个单位，劳动参与概率变动的大小。

如果能够观察到全部的 x'_i，那么就可以通过以上的极大似然法得出相关系数的无偏估计值。然而对研究劳动参与问题而言，工资不可观测性问题变得非常突出。尤其就女性而言，总存在部分女性不参与市场劳动。由于对于就业人员而言，可以观察到其工资报价，也就是其当前工资，而对那些非就业人员而言，其潜在工资报价就观察不到了。在面对不可观测变量时最简便的做法是省略该变量，然而由于工资变量和非工资收入等变量存在一定的相关性，省略工资变量将导致劳动供给方程中的随即扰动项与收入变量相关，从而导致对收入变量等自变量影响作用的估计也出现偏差。因此省略工资变量的做法并不可取。还有一种做法是对潜在市场工资水平进行估计。如何做到这一点呢？Heckman 早在 1979 年就指出，不能简单地用就业女性的工资方程对非就业女性的工资值进行预测，因为这将导致系数估计的偏差。Heckman 随后提出了著名的样本选择纠正方程，首先估计出劳动者的就业状态方程，从中得出样本矫正系数，随后再利用得出的样本矫正系数代入劳动者的工资方程，目的是控制样本选择偏差，从而就能得到潜在市场工资率的无偏估计值。[①] Schultz（1990）借鉴了Heckman 的方法得出了工资的预测值，并认为在劳动供给方程中用以上方法得出的工资预测值能够有效代理劳动者的潜在市场工资水平[②]。

第三节　对劳动参与方程的经验估计及对共有收入假说的检验

　　本书对劳动参与方程的经验估计和共同偏好模型的检验依据以下步骤进行：第一步，用 Heckman 的两阶段法对工资方程进行估计，从而得出工资的预测值；第二步，利用第一步得出的工资预测值，并根据 Probit 模型对劳动参与决策方程进行估计，以及对共有收入假说进行检验。

一、数据来源及特征分析

　　本书的数据来源于国家统计局城市社会经济调查队 2002 年的调查结果。调查范围覆盖了中国具有不同地理和经济特点的五省和一直辖市，它们分别是：广东省、辽宁省、陕西省、四川省、浙江省和北京市。样本总共包括了 10309 户家庭，从户口情况而言，既包括了本地非农业户口、外

---

　　① 由于 Heckman 的样本纠正方程已经得到广泛应用，因此本书不再对该方法进行详尽的阐述。更详尽的介绍参见 Heckman（1979），"Sample Seclection Bias as a Specification Error"，*Econometrica*，47（1），pp. 153—161。

　　② Schultz, T. Paul, "Testing the Neoclassical Model of Family Labor Supply and Fertility", *The Journal of Human Resources*，1990，25（4）：599—634.

地非农业户口，又包括了本地农业户口和外地农业户口。为了便于对共同偏好模型进行验证，本书选择的样本具有以下特征：已婚的且丈夫和妻子的相关数据都齐全的家庭；妻子属于主要劳动年龄段（16—55岁）的家庭。由于研究目标主要关注我国城镇被雇用者的劳动就业行为，因此样本进一步剔除了丧失劳动能力者、在校学生、从事农业生产的人以及城镇个体和私营企业主。之所以排除掉未婚等家庭，是因为在未婚情况下，无法衡量出丈夫非工资收入对妻子劳动供给的影响；而之所以将年龄限制在以上范围，并对个人的职业特征进行限定，是为了排除掉大多数的离退休人员和个体职业者，他们的劳动供给机制与主要劳动年龄段有所不同。

在对样本进行筛选后，有效样本家庭数为7118户。其中北京、辽宁、浙江、广东、四川以及陕西占样本总量的比重分别为9.03%、31.05%、16.14%、17.10%、13.13%和13.54%。

表5-1给出了有效样本中已婚女性个人、家庭以及工作收入等方面的基本情况，并列出了男性的相关情况作为对照。从表中可以看出，尽管女性的受教育年数的平均值与男性相差不大，但是工资、工作经验、工作小时数、劳动参与概率、就业概率以及接受高等教育的比重等各方面都和男性有一定差距。

表5-1　　　　　　　　2002年分性别的变量描述

	女		男	
	均值	标准差	均值	标准差
连续变量				
年工资（¥）	8291.209	9321.074	13100.150	11281.800
小时工资（¥）	6.038	8.894	7.571	21.205
年收入（¥）	10089.650	9158.253	14996.500	11255.870
年非工资收入（¥）	1798.437	3780.582	1896.357	5322.777
教育年数（年）	11.164	2.671	11.802	2.786
年龄（岁）	43.300	7.315	45.579	7.792
工作经验（年）	20.204	10.512	24.460	9.377
月工作小时数（小时/月）	123.011	84.247	161.858	64.706
0—5岁小孩数	0.063	0.244	0.063	0.244
6—11岁小孩数	0.167	0.378	0.167	0.378
12—18岁小孩数	0.283	0.470	0.283	0.470
虚拟变量				
大专及大专以上比例	18.5	29.4		

续表

	女		男	
	均值	标准差	均值	标准差
高中（包括职高、中专、技校）比例	40.4	35.1		
初中比例	35.5	31.9		
小学比例	5.1	3.5		
小学以下比例	0.5	0.2		
劳动参与率	79.2	93.4		
就业者所占比重	70.8	90.0		

注：（1）小时工资是通过以下方法计算得出：小时工资 = 年工资/（12 * 月工作小时数）；（2）工作经验是通过以下方法计算得出：工作经验 = 2002 - 第一次参加工作的年份；（3）此处的就业者所占比重，与前文定义的就业率有所不同，为就业人数占样本总人数的比重。

表 5 - 2 对比了参与市场劳动和退出劳动力市场这两类女性的基本特征。平均来说，与参与市场劳动的女性相比，退出劳动力市场的女性受教育年数较少，年龄较高，因而退出前积累的工作经验也较丰富，非工资收入较高，家中小孩人数较少。退出劳动力市场者有较高的非工资收入，这一点并不奇怪。一方面有较高非工资收入的人更倾向于退出劳动力市场，另一方面退出劳动力市场的选择也会反过来增加个人的非劳动收入，如救济金等。考虑到样本中退出劳动力市场的女性平均年龄在 49 岁左右，而我国女性生育年龄多在 25—30 岁之间，因此其家中 0—18 岁的小孩人数较少也就不足为奇了。

在对（4）式的劳动参与方程进行估计时，除了考虑工资的不可观测性问题外，还必须考虑到非工资收入作为解释变量时可能带来的内生性问题。从非工资收入的构成上看，非工资收入中主要包括经营净收入、财产性收入和转移性收入三大类①。而这几类非工资收入都存在一定的内生

① 根据我国国家统计局的分类，经营净收入是指家庭成员从事生产经营活动所获得的净收入。财产性收入是指家庭拥有的动产（如银行存款、有价证券）、不动产（如房屋、车辆、土地、收藏品等）所获得的收入，包括出让财产使用权所获得的利息、租金、专利收入；财产营运所获得的红利收入、财产增值收益等。转移性收入是指国家、单位、社会团体对居民家庭的各种转移支付和居民家庭间的收入转移。包括政府对个人收入转移的离退休金、失业救济金、赔偿等，单位对个人收入转移的辞退金、保险索赔、住房公积金、家庭间的赠送和赡养等。

性。比方说，政府对个人收入转移的失业救济金的多少就是由劳动者的劳动供给和工资收入的多少所决定的。利息等财产性收入如果是来源于父母的积累收入，那么就刚进入劳动力市场的年轻人而言，它就是外生变量；而该项财产性收入如果来源于个人从过去收入中的积累，那么就与个人过去的劳动供给行为密切相关。总之，非工资收入同样可能与某些影响劳动供给的不可观测因素存在相关性，于是导致了变量的内生性。本书在对样本选取时，将年龄限制在 55 岁之下，正是为了最大限度地减少离退休金和利息收入等非工资收入变量的内生性问题。

表 5 - 2　　　　　　　　　2002 年女性分劳动参与状况的变量描述

变量名	劳动参与		退出劳动力市场	
	均值	标准差	均值	标准差
连续变量				
年工资	10367.04	9418.603	455.587	1457.765
小时工资	6.058	8.909	—	—
年收入	11213.96	9648.58	5738.508	4983.236
年非工资收入	846.923	2781.46	5282.921	4698.332
教育年数	11.597	2.513	9.351	2.481
年龄	41.729	6.839	49.270	5.819
工作经验	19.839	9.155	21.796	14.361
月工作小时数	154.88	63.192	0	0
0—5 岁小孩数	0.074	0.263	0.022	0.148
6—11 岁小孩数	0.196	0.403	0.058	0.235
12—18 岁小孩数	0.327	0.489	0.118	0.343
虚拟变量				
大专及以上比例	21.9	3.9		
高中比例	44.6	22.8		
初中比例	30.2	57.9		
小学比例	3.0	13.6		
小学以下比例	0.2	1.8		
劳动参与率	100	0		
就业者所占比重	89.2	0		

（注：部分非经济活动者的工资在本书的样本中不为零，原因在于我国下岗政策允许部分下岗人员在一定期限内仍可从原单位领取少量工资。）

　　表5-3根据非工资收入的来源对样本中已婚女性和男性非工资收入状况进行了描述。同时为了对比，对56岁以上的已婚人口相关情况进行了描述。从中可以看出，样本中已婚女性和已婚男性拥有非工资收入者在同类人群中所占比重分别为50.92%和55.45%。该比重远远低于56岁以上已婚人口中的相应比例。55岁以下年龄组与56岁以上年龄组在拥有非工资收入方面最明显的区别体现在转移性收入上。56岁以上人口中拥有转移性收入的比重大大提高。将56岁以上人口排除在样本之外有利于克服转移性收入的内生性问题。从性别差距上看，女性拥有各项非工资收入的比重，以及各项非工资收入的数值，与男性相比都有一定的差距，尤其是56岁以上人群中女性拥有转移性收入的比重及均值都远远低于男性。

表5-3　55岁以下和56岁以上已婚人口中拥有非工资收入者所占比重

	女		男	
	比重（%）	均值（¥）	比重（%）	均值（¥）
55岁以下				
经营净收入	0.89	18.778	4.77	594.704
财产性收入	4.92	46.663	7.63	130.275
转移性收入	49.15	1732.996	51.42	1171.378
所有非工资收入	50.92	1798.437	55.45	1896.357
56岁及以上				
经营净收入	2.73	3.247	9.49	50.165
财产性收入	6.81	44.149	15.47	85.884
转移性收入	85.48	7029.526	93.41	10302.41
所有非工资收入	85.69	7076.923	93.97	10438.46

　　（注：其中比重是指拥有该项非工资收入者在该类人群中所占比重，均值为该项非零的非工资收入的平均值。）

二、对工资方程的经验估计

　　这一部分将在考虑样本选择的基础上讨论工资率的决定问题，采用的方法是Heckman（1979）的两步法。具体步骤包括：
　　第一步，对就业状态的选择方程进行估计。以二元虚拟变量——个人的就业状态为被解释变量，对整个样本进行Probit分析，从而得出逆Mill比率$\hat{\lambda}_i$（the inverse of Mill's ratio）。

　　第二步，将逆 Mill 比率作为遗漏变量添加到工资方程中，作为新增的解释变量，其作用是纠正样本选择偏差问题，然后用 OLS 方法回归就可以得到一致的估计结果。

　　在工资方程中，因变量为小时工资的对数值，自变量包括了各级教育的虚拟变量、工作经验及其平方项和地区虚拟变量。教育分成了大学及以上、高中、初中、小学以及小学以下文化程度。方程中以小学以下文化程度者为参照组，因此小学以下文化程度并不出现在方程中。各级教育前的系数都表示相对于小学以下教育程度者而言，是否接受了该级教育对劳动者就业以及工资的影响程度。之所以用分级别的教育作为自变量，而不用教育年数，是因为很多研究都表明了教育对就业和工资的影响并不是线性的。地区变量中包括了辽宁、浙江、广东、四川、陕西和北京。其中以北京作为参照组。很多研究认为地区虚拟变量会对劳动者的工资水平造成显著影响，因为不同地区经济发展水平和生活水平不同，劳动者的工资水平也就存在地区性的差异。这是工资方程最经典的表达形式（Mincer，1974）。

　　就业状态选择方程中，因变量为就业状态，当女性市场工作时间大于零时，就业状态为 1，反之为 0。只有当就业状况为 1 时，才能观察到劳动者的市场工资率。就业状态选择方程的自变量除了包括工资方程中的教育、工作经验和地区变量外，还包括丈夫的非工资收入、妻子的非工资收入以及家中不同年龄段的小孩人数。一般情况下，经济理论都假设非工资收入和小孩人数会通过影响劳动者时间在非市场劳动领域中的影子价格，而影响到个人参与市场劳动和就业的概率；但是这些因素并不会直接影响到劳动者在劳动力市场上的潜在市场工资率。

　　表 5-4 列举了 2002 年已婚女性工资方程的两步法回归结果。大学教育和地区变量都显著影响了劳动者就业的概率，同时也显著影响了劳动者的潜在市场工资率水平。这说明，我国目前劳动力市场的资源配置能力已开始趋于健全，人力资本通过市场机制的调节，以工资的形式得到了较为合理的评价，劳动者的潜在能力可以通过工资水平得到较好的反映，进而使价格机制在劳动力配置方面能够较好地发挥作用。由于对工资的估计并不是本书的重点，因此这里不对回归系数进行一一讨论。值得一提的是，lambda（λ）系数在统计上十分显著，因此说明对工资进行估计时样本选择问题的确存在。那么使用 Heckman 的两阶段法则可以纠正样本选择

问题。

表 5 - 4　　　　　　　2002 年已婚女性工资的 Heckman 估计

	阶段 1：Probit 模型		阶段 2：OLS 模型	
	系数	标准差	系数	标准差
大专及以上	1.6375 ***	0.2906	0.3726 **	0.3537
高中	1.0456 ***	0.284	0.3352	0.3546
初中	0.388	0.2837	− 0.0457	0.3544
小学	0.1348	0.2927	− 0.3722	0.3639
小学以下	NI	NI	NI	NI
工作经验	0.2330 ***	0.007	0.0187 *	0.0099
工作经验的平方	− 0.0055 ***	0.0002	0	0.0003
北京	NI	NI	NI	NI
辽宁	− 0.7953 ***	0.0816	− 0.6103 ***	0.0565
浙江	− 0.1849 **	0.0906	0.1589 ***	0.0618
广东	− 0.3513 ***	0.0921	0.2522 ***	0.0604
四川	− 0.4532 ***	0.0945	− 0.2225 ***	0.0647
陕西	− 0.2931 ***	0.0975	− 0.4914 ***	0.0632
0—5 岁小孩数	0.5016 ***	0.0955	NI	NI
6—11 岁小孩数	0.2873 ***	0.0689	NI	NI
12—18 岁小孩数	0.0412	0.0505	NI	NI
妻子非工资收入/1000	− 0.1308 ***	0.0052	NI	NI
丈夫非工资收入/1000	− 0.0084 **	0.0037	NI	NI
常数项	− 1.2398 ***	0.2942	1.2606 ***	0.3728

注：（1）"***""**""*"分别表示在 1%、5% 和 10% 的水平上显著；（2）模型中观察值个数为 7118 个；Wald Chi2（22）= 2404.06；Prob > chi2 = 0.0000；（3）样本选择矫正项 lambda 系数为 − 0.4009，SE = 0.063，lambda 在 1% 的水平上显著；（4）NI（not included）表示未包括在模型中。

根据回归结果很容易预测出妻子的工资预测值。对就业女性和未就业女性而言，她们潜在市场工资率水平的平均值分别为 5.07 元/小时和 3.96 元/小时。

三、对劳动参与方程的经验估计

利用表 5 - 4 中估计出的工资预测值，并根据 Probit 模型可以对女性劳动参与状态的影响因素进行无偏的一致的估计。表 5 - 5 列出了估计结果，并计算出了均值处自变量变动对劳动参与概率的边际影响。从中可以看出女性劳动参与表现出以下特征。

（1）在其他变量保持不变的情况下工资水平越高，女性的劳动参与概率越大。在样本均值处，女性的小时工资率每增长 10%，其劳动参与概率增加约 7.1%。和预期相一致，工资变动的替代效应明显超过了收入效应，并且工资对女性劳动参与的效应在统计上非常显著。

（2）女性的非工资收入对女性劳动参与的收入效应也表现得非常明显，在样本均值处，女性的非工资收入增加 1000 元，将会导致女性劳动参与概率下降约 2.31 个百分点。

（3）即使在控制了工资水平和非工资收入等变量的情况下，教育作为人力资本存量的象征仍然对女性劳动参与概率产生了显著的影响。受过小学和初中教育的女性其劳动参与率要显著大于小学以下文化程度者，而大专及以上文化程度者的女性，其劳动参与率却显著低于小学以下文化程度者。由于样本中剔除了在校学生，因此大学及以上文化程度对女性劳动参与率的负向影响并不是高校扩招的结果。这一回归结果和观察到的现象以及直觉并不一致，但是却不足为奇。观察到的教育程度与女性劳动参与率的正相关关系，很大程度上是由于教育提高了工资水平而造成的。事实上，高等教育不仅仅提高了女性的市场工资水平，也同时提高了女性保留工资水平。因此在控制了工资率以及非市场收入相等的情况下，保留工资更高的一方，即教育程度更高的一方将更可能退出劳动力市场。

表 5 - 5　　女性劳动参与方程的 Probit 估计

	系数	dF/dx	标准差
妻子小时工资的对数值	4.1015 ***	0.7107	0.2165
丈夫的工资收入/1000	0.0037	0.0006	0.0024
妻子非工资收入/1000	-0.1331 ***	-0.0231	0.0052
丈夫非工资收入/1000	-0.0148 ***	-0.0026	0.0039
年龄	0.3193 ***	0.0553	0.0403
年龄平方	-0.0051 ***	-0.0009	0.0005
大专及以上	-1.7359 ***	-0.5596	0.4408
高中	-0.3051	-0.052	0.2568
初中	0.6524 ***	0.1011	0.2355

续表

	系数	dF/dx	标准差
小学	1.7884 ***	0.1135	0.2538
小学及以下	NI	NI	NI
0—5 岁孩子数	− 0.3627 ***	− 0.0628	0.1369
6—11 岁孩子数	− 0.2575 ***	− 0.0446	0.0866
12—18 岁孩子数	− 0.0187	− 0.0032	0.0598
北京	NI	NI	NI
辽宁	2.1539 ***	0.2643	0.1567
浙江	− 0.4967 ***	− 0.1058	0.1001
广东	− 1.1276 ***	− 0.2915	0.1081
四川	0.6208 ***	0.0796	0.1146
陕西	1.8033 ***	0.1456	0.1568
常数项	− 9.2119 ***		0.9419

注：（1）"***""**""*"分别表示在 1%、5% 和 10% 的水平上显著；（2）样本中观察值个数为 7118 个；LR chi^2（18）= 2908.67；Prob > chi^2 = 0.0000；Pseudo R^2 = 0.4187；Log Likelihood = − 2019.0095；（3）NI 表示未包括在模型中；（4）女性的小时工资对数值根据 Heckman 两阶段样本选择模型估计而得（参见表 3 − 4）。男性的工资收入指的是男性的年工资收入；（5）dF/dx 为样本均值处自变量变动对劳动参与概率的边际影响。

（4）年龄的二次项为负而一次项为正，且在统计上十分显著，这表明，劳动参与概率是随年龄增长而增长的，但是超出一定年龄后，劳动参与概率将呈现下降趋势。劳动参与率最大的年龄介于 30—40 岁之间[①]，这和观察到的现象及以往的研究结论一致。

（5）丈夫的工资收入对女性劳动参与概率的影响无论从影响的大小，还是从统计上的显著程度上看都不突出。

（6）丈夫的非工资收入和预期一样对女性劳动参与概率产生了负的影响，并且这种影响在统计上表现得非常显著。

（7）小孩方面，除 12—18 岁的小孩外，小于 6 岁和小于 12 岁的小孩人数在统计上都是显著的，系数符号为负，且小于 6 岁小孩人数系数的绝对值大于 6—12 岁小孩人数系数的绝对值。

---

① 根据二次函数的特征可知，劳动参与率最高的年龄 = − 年龄的系数/（2 × 年龄二次方的系数）。根据表 5 − 5，劳动参与率最高的年龄 = − 0.3193/（2 × 0.0051）= 31.3。

（8）女性劳动参与行为的地区差异也很显著。在其他变量都相等的情况下，辽宁、四川和陕西的女性劳动参与概率明显高于北京，浙江和广东的女性劳动参与概率则明显低于北京。

四、对共有收入假说的检验

要检验共同偏好模型是否成立，最基本的假定是共有收入假说，也就是丈夫的非工资收入和妻子的非工资收入会对女性的劳动供给产生相等的影响，即 $\eta_3 = \eta_4$。为了检验这一假设，本书在表 5－5 的分析基础上采用了瓦尔德（Wald）检验方法。瓦尔德统计量服从渐进的 χ 平方分布，在该次检验中自由度为 1。通过 Wald 检验可以发现，瓦尔德统计量为 315.80，且即使在 1% 的显著水平下也拒绝接受该假设条件。这证明了就我国女性整体的劳动供给而言，本人的非工资收入和丈夫的非工资收入作用并不相等。通过观察丈夫和妻子非工资收入系数值的大小，还可以发现一个富有启发意义的现象：妻子非工资收入对其劳动供给的影响要比丈夫非工资收入的影响作用大得多。在本书的样本中，前者非工资收入系数值的大小约为后者的 9 倍。非工资收入的不同来源将会对女性劳动供给行为造成不同的影响，这一现象在劳动供给的共同偏好模型中无法得到解释，而通过家庭劳动供给的集体博弈模型则很容易理解为什么如此了。原因就在于在家庭成员具有各自独立效用函数的家庭中，外生非工资收入的变动不仅会为家庭成员的劳动供给带来收入效用，同时也将带来一种议价效应，它将通过改变家庭成员间相对博弈力量的大小，影响家庭成员分工合作所带来的收益在成员间的分配，博弈力量更大的一方将从分工收益中分享到更大的份额。因此就妻子的劳动供给而言，其非工资收入的影响要比丈夫非工资收入的影响大得多。

正如前文所述，共同偏好模型和集体博弈模型分别适用于解释不同类型家庭的情况。而在我国经济基础变革、技术革新和思想进步迅速的信息时代，家庭作为社会组织形式，其结构也在不断变化，不同形式和特征的家庭制度不断涌现，如独居家庭、丁克家庭、合伙家庭等。家庭现象的复杂性，决定了研究中不能一概而论，只进行笼统的分析。有必要区分家庭特征进行有针对的分析。因此本书随后将对家庭进行分组，并分别对有小孩家庭和无小孩家庭的女性劳动参与进行分析（分析结果如表 5－6 所示）。

表 5 – 6　　　　　　　　　分家庭类型的女性劳动参与方程的 Probit 估计

	无小孩的家庭		有小孩的家庭	
	系数	标准差	系数	标准差
妻子小时工资的对数值	3.1121 ***	0.2228	5.1489 ***	0.3199
丈夫的工资收入/1000	0.0109 ***	0.0033	− 0.0099 **	0.0040
妻子非工资收入/1000	− 0.1835 ***	0.0072	− 0.0526 ***	0.0092
丈夫非工资收入/1000	− 0.0019	0.0056	− 0.0561 ***	0.0157
年龄	0.2706 ***	0.0598	0.3139 ***	0.0700
年龄平方	− 0.0043 ***	0.0007	− 0.0052 ***	0.0009
大专及以上	− 0.4642	0.3318	− 1.0505	1.1544
高中	0.3768	0.2662	0.2167	1.1150
初中	0.7406 ***	0.2490	1.2211	1.1111
小学	1.4652 ***	0.2680	2.9375 ***	1.1287
小学及以下	NI	NI	NI	NI
0—5 岁孩子数	NI	NI	− 0.5804 ***	0.1978
6—11 岁孩子数	NI	NI	− 0.5573 ***	0.1581
12—18 岁孩子数	NI	NI	− 0.3348	0.1463
北京	NI	NI	NI	NI
辽宁	1.5224 ***	0.1698	2.8137 ***	0.2892
浙江	− 0.3755 ***	0.1190	− 0.5859 ***	0.2226
广东	− 1.1914 ***	0.1332	− 0.9607 ***	0.2235
四川	0.3398 **	0.1349	0.9638 ***	0.2445
陕西	1.1559 ***	0.1776	2.4917 ***	0.2890
常数项	− 7.1239 ***	1.3775	− 10.2583 ***	1.8649

注：（1）“ *** ”“ ** ”“ * ”分别表示在 1%、5% 和 10% 的水平上显著。（2）无小孩家庭（指无 0—18 岁的小孩）样本量为 3533 个；LR chi^2 (15) = 1848.65；Prob > chi^2 = 0.0000；Pseudo R^2 = 0.4229；Log Likelihood = − 1261.1703。（3）有小孩家庭（至少有一个 0—18 岁小孩）样本量为 3585 个，LR chi^2 (18) = 697.41；Prob > chi^2 = 0.0000；Pseudo R^2 = 0.3660；Log Likelihood = − 604.082。（3）NI 表示未包括在模型中。（4）女性的小时工资对数值根据 Heckman 两阶段样本选择模型估计而得（参见表 3 – 4）。男性的工资收入指的是男性的年工资收入。

　　分组的回归结果表明，在两类家庭中，除丈夫非工资收入外，几乎所有的经济变量都对女性劳动参与产生了非常近似的影响。丈夫非工资收入的影响在两类家庭中区别非常明显。在无小孩的家庭中丈夫非工资收入对妻子女性劳动参与并没有显著影响，而在有小孩的家庭中丈夫非工资收入的影响则非常显著。分别对两类家庭中女性劳动参与方程的共有收入假说作 Wald 检验。在无小孩的家庭中，Wald 统计量为 360.91，即使在 1% 的显著水平下也拒绝接受原假设；而在有小孩的家庭中，Wald 统计量为 2.69，该统计量并不显著。

概括地说，虽然就女性整体以及无 0—18 岁小孩的女性而言，共有收入假说被拒绝接受，共同偏好模型的适用性受到了质疑；但是就家中有 0—18 岁小孩的女性的劳动供给而言，共有收入假说和共同偏好模型仍具有很强的解释力。虽然经济社会变迁中，家庭稳定性出现下降趋势，但是就有幼儿的家庭而言，家庭成员间稳定的共同偏好仍有可能形成并得到维持。于是本书最初的猜想得到了验证：在我国内聚力依然较强和稳定性依然较高的婚姻家庭中，以共同偏好为基本假设前提的家庭劳动供给模型仍有着其存在的空间。

第四节　劳动供给的工资弹性与收入弹性

劳动供给的工资弹性和收入弹性分别指劳动供给相对于工资或者是收入变动的反映程度。根据定义，劳动供给的总工资弹性，或者说是非补偿性的工资弹性（Gross Wage Elasticity, or Uncompensated Wage Elasticity）在（4）式中可以表示为：$\zeta_{ui} = \eta_1/P_i^*$。由于妻子非劳动收入与丈夫非劳动收入对妻子劳动供给的影响作用并不相等，因此必须区分妻子非劳动收入的收入效应和丈夫非劳动收入的收入效应。这两种收入效应可以分别表示为：$\zeta_{fi} = \eta_3 V_i/P_i^*$，$\zeta_{mi} = \eta_4 V_j/P_i^*$。于是根据 Slutsky 等式，补偿性的工资弹性（Compensated Wage Elasticity），或者说是净替代效应（Pure Substitution Effect）可以表示为：$\zeta_i = \zeta_{ui} - \zeta_{fi} \cdot W_i$。

国外有大量研究对女性劳动供给的工资弹性和收入弹性进行了估计。由于数据来源不同，相关指标定义不同，以及所采用的计量方法不同，所估计出的工资弹性和收入弹性在很大范围内变动[1]。国内有关的研究则非常少。Putterman（1990）证实了我国总工资弹性为正[2]。Haizheng Li 和

---

① Killingsworth 和 Heckman（1986）对此有详尽的综述，这里不再重复。

② Putterman, Louis, "Effort, productivity, and incentives in a 1970s Chinese people's commune", *Journal of Comparative Economics*, 1990, 14（1）: 88—104.

Jeffrey S. Zax（2003）认为对女性而言，是否具有户主身份，其劳动供给行为会有很大差异。非户主女性的补偿性工资弹性要比户主身份的女性大得多，前者为18.51，后者为－3.066；户主和非户主女性的总工资弹性分别为－0.057以及0.096；收入弹性分别为0.005和－0.044①。

与以往的为数不多的我国女性劳动供给研究所不同的是，以往计算出的工资弹性和收入弹性是工作小时数对工资和收入变动的反映程度，而本书计算出的则是劳动参与概率对工资和收入变动的反映程度。这两类弹性对研究个体劳动供给行为都十分重要。根据计算公式，可以得出在样本均值处（均值处，女性非工资收入值为1798.44元，男性非工资收入为1896.36元，女性预期的工资率为4.72元/小时）劳动供给的弹性值。其中劳动参与的总工资弹性为0.78，补偿性工资弹性为0.99，妻子非工资收入对劳动参与所产生的收入弹性为－0.046，丈夫非工资收入对妻子劳动参与所产生的收入弹性为－0.005。从绝对值上看，我国城镇女性总工资弹性、补偿性工资弹性，以及收入弹性的数值都很低。

一般来说，在经济发展水平较高、市场经济体制发育比较完善，并且社会保障力量比较强的西方国家，工资水平对劳动供给的影响比较明显，劳动者可能根据个人偏好进行进入或退出劳动力市场的自主决策，从而他们劳动供给的工资弹性和收入弹性的绝对值都比较大。但是在我国，一方面由于国家"充分就业"劳动力管理体制的影响至今仍未完全消除，因此女性劳动参与决策在其影响下对工资变量的敏感程度仍然很低；另一方面，由于我国经济发展水平相对较低，市场经济体制尤其是劳动力的市场经济体制发育很不完善，社会保障水平也相对较低，劳动者在很大程度上主要靠参与社会劳动来维持家庭开销，而无论工资水平如何都是如此。这些原因共同决定了我国的女性劳动参与率受工资水平的影响较小。

劳动供给的工资弹性和收入弹性在解释各项政策措施对劳动供给的影响程度上有很大作用。经济转型中，各种改革措施都不可避免地会涉及改变个人的工资和收入，如各项福利和税收制度、企业的工资改革等。根据女性劳动供给的工资弹性和收入弹性，可以得出相应的劳动参与概率的变动方向和变动幅度。就工资制度改革而言，国有企业改革中一项惹人注目

---

① Haizheng Li and Jeffrey S. Zax, "Labor Supply in Urban China", *Journal of Comparative Economics*, 2003, 31: 795—817.

的改革措施是福利分配的货币化，从直接提供住房等各项消费品，逐渐过渡到提供等值的货币收入，或者是提高单位工资率使劳动者具有同等的购买能力。这项改革的直接后果是保持了劳动者总收入不变的情况下提高了劳动者的工资水平。补偿性工资弹性接近于 +1，就意味着福利分配货币化改革的后果是将提高女性的劳动参与概率，但是女性劳动参与概率提高的程度并不太大。就税收的效应而言，绝对值较小的总工资弹性意味着，劳动参与对税收和工资变动的反应并不强烈，因此税收负担可能从企业转移到劳动者身上。

第五节　本章小结

本章通过城镇入户调查微观数据，研究了我国 2002 年城镇女性劳动参与行为的决定因素，尤其关注了工资和非工资收入对女性劳动供给行为的影响。与以往关注工作小时数的研究不同，本章关注的是女性劳动参与概率。在劳动参与问题的研究中，样本选择问题、工资的不可观测性问题变得尤为突出。因此本章通过应用 Heckman 的样本选择模型得出了非就业女性的工资预测值，并将其用于对女性劳动参与决策的分析，从而能够在控制女性工资水平的前提下，分析非工资收入、教育水平以及其他家庭变量和地区变量对劳动供给的影响。研究结论包括：

第一，虽然共同偏好模型对分析我国无小孩家庭中的女性劳动供给并不适用，但是共同偏好模型的共有收入假说却在我国有小孩家庭的女性劳动参与方程中得到了验证。这说明婚姻家庭不稳定性的加强只对部分家庭分工产生影响，而就很多家庭而言，尤其是有小孩的家庭，家庭的内聚力仍很强，稳定的单一家庭效用仍得以维系。

第二，研究发现，和预期相一致，我国女性劳动供给的收入弹性为负，并且在中国普遍的低收入水平下，工资增长的替代效应要大于收入效应，总工资弹性为正。此外，我国女性劳动参与的总工资弹性、补偿性工资弹性以及收入弹性的绝对值都不大。这对我国的收入分配制度改革、税收和福利制度改革等都有很强的政策意义。

第六章

劳动就业状况的多重
选择及其性别差异

建立在劳动供求基本假设基础上的新古典就业理论，着重分析了价格机制作用下充分就业均衡的形成机制。通常认为，总需求下降时对劳动的需求减少，导致失业增加，此时市场工资水平下降引起劳动供给减少，从而使劳动力市场达到新的均衡。实际上，现实的劳动调节方式极为复杂，需求下降不仅表现为就业人数减少，同时还表现为劳动时间缩短，企业剩余劳动力增加，失业者的非经济活动化，追加的希望就业人员、希望转业人员等不完全就业者等诸多形式①。于是面对总需求的变动，劳动者对就业状况的选择存在多重性。本章将前一章的分析加以扩展，使就业、失业和退出劳动力市场三种状况的选择都能被纳入分析框架中。

本章的主要框架如下：第一节讨论了失业与劳动调节方式的关系；第二节介绍了用以分析劳动就业状况多重选择的 Multinomial Logit 模型；第三节对就业状况的多重选择进行了实证分析；第四节重点分析了其中的性别差异；最后是本章小结。

第一节　失业与劳动调节方式

关于需求变动将如何调节劳动供给存在两种截然不同的假说：增加工人假说（added worker hypothesis）和失望工人假说（discouraged-worker hypothesis）。"增加工人假说"是指在经济周期的下降阶段劳动力将增加，这是因为当通常的家庭收入挣得者失去他们的工作时，在经济形式好的时

---

① 崔岩：《长期经济停滞条件下的日本劳动力市场：以失业率为中心的分析》，《世界经济》2002 年第 4 期。

期未进入劳动力市场的潜在的家庭挣得者这时将会进入劳动力市场寻找工作，来维持家庭收入。相反，失望工人假说则认为，由于工作形式恶化，在经过无结果的搜寻之后，失业的工人将会放弃工作希望，退出劳动力市场；部分在正常情况下本欲进入劳动力市场的劳动者将由于信心不足而延迟或放弃进入劳动力市场。这部分随着就业机会变动或者家庭收入变动而转化经济活动状态的人被称为边缘劳动力。相应的，可以将这两种需求变动对边缘劳动力的影响分别称为"增加工人效应"和"失望工人效应"。作为对家庭收入的暂时变化的一种反应，增加工人假说体现了收入效用。而作为对工资暂时变化的反应，或者说是对于已经变成失业者的工人的预期工资的反应，失望工人效用则体现了替代效应。这里预期工资＝给定工作的工资×发现这份工作的概率。在经济萧条期，这两者的值都会降低，于是减少了工作搜寻的吸引力，降低了闲暇的机会成本。很明显，增加工人效应与失望工人效应是共存的，问题是两者中谁占支配地位。国外很多文献试图对增加工人效用或者失望工人效应进行验证，并得到了很多不同的结论。①

　　从失业率角度来看，由于失业率是失业人口与经济活动人口的比重，因此经济活动人口的多少对失业率的变化具有重要的意义。在总劳动年龄人口保持不变的情况下，经济活动人口和非经济活动人口的区分并不存在固定的界限，由于就业机会或家庭实际收入的变化，边缘劳动力将不断在经济活动状态和非经济活动状态之间进行转换。以边缘劳动力调整为特征的劳动力调节方式通过影响失业人口和经济活动人数而反过来影响失业率的变动。经济萧条时增加的工人进一步加大了失业率的上升趋势，而经济萧条时失望的工人则使失业率的上升相对平缓。以美国为例。1967 年以来美国经历了一个劳动力需求的长期下降趋势，然而与 1974 年相比，1994 年的失业率却并没有上升，都维持在 4.5% 左右。劳动力需求的长期

---

①　关于失望工人假说，地区男性失业率与妻子劳动参与率的反向关系已为不少文献所证实（Long，1958；Mincer，1962；Bowen、Finegan，1965）。关于增加工人假说，部分研究认为没有证据可以支持该假说（Layard、Barton、Zabalza，1980；Maloney，1987）。而另外部分研究则认为的确存在着增加工人效应，只是这种效应非常小，并且其应用范围十分有限，仅当家庭的主要赚得者失去了工作时，包括已婚妇女在内的辅助劳动力才会作为"增加的工人"进行劳动力市场，由于美国的失业率很少超过10%，于是这种收入效用也仅能对劳动力中的小部分人群起作用了（Mincer，1962；Lundberg，1985；Cullen、Gruber，2000；Stephens，2002）。

下降，之所以没有表现在失业率上，是由于劳动参与率的变动，1994年的劳动参与率与1974年有明显下降①。

可见，在分析劳动力市场状况时，过去只依赖失业率或就业率指标的做法并不可取，失业率或者是就业率指标已经不足以说明劳动力需求下降的严重程度了。在研究就业和失业周期变化规律时，只有同时观察失业率和劳动参与率的变动趋势，才能把握住劳动力市场中存在的关键问题。从失业率与劳动参与率的变动中所能反映出来的劳动力市场状况包括了以下九种情况（参见表6-1）：

（1）失业率和劳动参与率同时增加。这种情况下失业问题并不算很严重，因为失业率的上升很大程度上可能是由于过去退出劳动力市场的人又重新进入劳动力市场寻找工作，从而劳动供给总量提高了的缘故。此时失业率虽然增加了，但是这并不代表着劳动力需求一定发生了下降。

（2）失业率增加，劳动参与率保持不变。这种情况下，劳动供给总量并没有发生改变，但是由于经济波动或者经济结构调整导致了劳动力需求减少，于是失业率有所上升。

（3）失业率上升，而劳动参与率下降。这种情况下即使劳动供给总量发生了下降，失业率仍然上升，这说明劳动力需求下降现象非常严重。这种变动属于"劳动供给中最为严峻的问题"，因为这不仅意味着失去工作的人数在不断增加，而且更为严重的是在失去工作的人中，由于长时间无法找到工作而沦为"沮丧的工人"的人数也在增加。后者人数的增加比前者更糟糕，后者不仅无法找到工作，甚至还丧失了找工作的信心，这样的形式大大威胁着社会的稳定②。

（4）失业率不变，劳动参与率上升。此时劳动供给总量上升并没有带来失业率的上升，这说明了随着经济结构调整产出的增加，劳动力需求也有所增长。

（5）失业率和劳动参与率都保持不变。此时经济运行十分平稳。

---

① Kevin M. Murphy and Tobert Topel，"Unemployment and Nonemployment"，*American Economic Review*，1997，87（2）：295—300.

② 张车伟、吴要武：《城镇就业失业和劳动参与：现状、问题和对策》，《中国人口科学》2003年第6期。

（6）失业率不变，劳动参与率下降。此时有可能存在着部分失望的工人，他们随着劳动力需求的下降退出了劳动力市场，劳动供给的减少程度与劳动力需求下降的程度相当，于是失业率保持不变。

（7）失业率下降而劳动参与率上升。此时经济发展情势最为乐观。劳动力需求有了大幅的增长，经济发展呈现出繁荣的景象。吸引了更多的劳动年龄人口进入劳动力市场，劳动力得到了更充分的使用。

（8）失业率下降，劳动参与率保持不变。此时劳动供给总量没有发生改变，经济发展导致劳动力需求的增加，从而失业率下降。

（9）失业率和劳动参与率同时下降。这种情况下劳动供给减少，劳动力需求增加、减少，或保持不变的情况下都有可能出现失业率的同时下降。

表6-1　　　　　　　失业率、劳动参与率的变动与劳动力需求

	劳动参与率上升	劳动参与率不变	劳动参与率下降
失业率上升	不确定	劳动力需求下降	劳动力需求下降
失业率不变	劳动力需求增加	劳动力需求不变	劳动力需求下降
失业率下降	劳动力需求增加	劳动力需求增加	不确定

综上所述，边缘劳动力的调整是劳动力需求变动时劳动力的重要调节方式。仅凭作为衡量劳动力市场供求态势的失业率指标很难对经济的景气程度有准确的判断。综合考虑失业率和劳动参与率有助于解释劳动力市场中存在的问题。然而目前为止对我国的失业率和劳动参与率进行对比研究的文献并不多。[①] 更加没有文献既同时关注了我国城镇失业率和劳动参与率的不同变动趋势及其影响因素，又分析了其中存在的性别差异。

有证据表明，经济转轨以来我国城镇劳动参与率的变动与失业率之间的确存在着很大的相关性，劳动参与率与失业率的变动趋势呈现出很大的反差。从1988年以来，我国无论男女的劳动参与率都不断下降，至2002年为止，女性的劳动参与率从78.64%下降到了64.4%，男性的劳动参与率从84.75%下降到了73.29%；对照之下失业率却在不断上升，至2002年为止，女性失业率已从3.84%攀升到了12.46%，男性失业率从3.14%上升到了7.76%。男性劳动参与率与失业率的变化虽然没有女性

---

① 仅有的文献参见张车伟和吴要武（2003），以及蔡昉和王美艳（2004）。

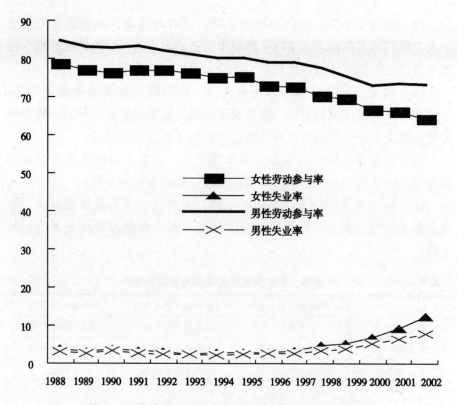

图 6-1　分性别的劳动参与率与失业率（1988—2002）

那么引人注目，但是也不容忽视（见图 6-1）。

　　劳动参与率与失业率的逆向变动中存在着一定的性别差异，该差异在 2000—2002 年这一阶段表现得尤为突出。2000—2002 年男性失业率上升了 2.56 个百分点；而劳动参与率却没有下降，反而略有上升。对照之下，2000—2002 年女性失业率增加了 5.52 个百分点，与此同时女性的劳动参与率下降了 2.36 个百分点。如果说经济改革对男性就业的冲击更多体现为失业率的上升的话，那么经济改革对女性就业的冲击不仅仅如此，还体现为更多的女性由于丧失信心而退出劳动力市场。劳动供给中最为严峻的问题莫过于失业率上升的同时伴随着劳动参与率的下降，很显然，由于失业率指标没有考虑到"失望工人"的存在，因此仅凭失业率判断出来的劳动市场性别差异存在着低估的可能性。

　　就业和劳动参与是影响劳动力自身发展的重要方面。经济转型过程中男女就业以及劳动参与的不平等已经开始引起经济学家和社会学家的关注。从国际经验上看其他转型中国家就业率和劳动参与率的变动同样也存在着显著的性别差异①。这说明，经济转型过程中劳动力就业状况性别差异的存在有其必然性。就我国的具体情况而言，劳动力是如何随着劳动力需求变动而进行调整的？这种调整中有多大的性别差异？究竟有哪些因素影响了该性别差异？本书将试图通过 Multinomial Logit 模型分析城市住户调查的微观数据来回答以上问题。

第二节　就业状态多重选择的 Multinomial Logit 模型

虽然失业者和就业者都属于劳动参与者，但是其行为特征的各个方面都存在着明显区别。因此本章在前一章研究的基础上，将模型进行了扩展，使劳动者的就业状态不仅包括退出劳动力市场，还包括失业和就业。

由于在就业、失业还是退出劳动力市场之间不存在明显的等级序列之分，因此本章采用了 Multinomial Logit 模型来研究劳动力究竟处于哪种状态。被解释变量为劳动力的就业状态，用虚拟变量来表示。为了对失望工人假说或者增加工人假说进行检验，解释变量在前一章所述的个人特征变量、家庭特征变量和地区特征变量（省份）基础上，还添加了当地男性失业率这一指标，并删减了潜在工资水平指标②。

解释变量中新增当地男性失业率，目的正是为了分析我国的劳动力需求对女性劳动参与的影响。如果当地区男性失业率增加时，女性劳动参与概率降低，那么就说明宏观经济对我国女性劳动供给行为的影响作用中，"失望工人效应"要大于"增加工人效用"，反之则说明"增加工人效应"的作用更为突出。

Multinomial Logit 模型形式如下：

$$P\{y_i = j \mid x_i\} = \frac{\exp(x_i\beta_j)}{\sum_{j=1}^{3}\exp(x_i\beta_j)} \quad i = 1, 2, \cdots, m \quad j = 1,2,3$$

① Hunt, Jennifer, "The Transition in Eastern Germany: When Is Ten-Point Fall in the Gender Wage Gap Bad News?", *Journal of Labor Economics*, 2002, 20 (1): 148—169.

② 潜在工资水平不再出现在自变量向量中。原因在于模型的扩展导致无法通过控制样本的自选择问题而对潜在工资水平进行无偏的估计，因此只能忽略该变量。对潜在工资变量的忽略，可能导致自变量的内生性问题，从而导致相关系数的估计出现偏差。在分析其后的估计结果时，必须考虑到这一问题。这也是本研究的一个不足之处。

其中 m 表示样本规模，P 表示概率；j 表示就业状态，$y_i = 0$ 表示就业，$y_i = 1$ 表示失业，$y_i = 2$ 表示退出劳动力市场；x_i 是解释变量（x_1，x_2，$\cdots$，x_n），β_j 是待估计系数；模型中 x_i 前面的参数 β_j 为正，表示相对于作为参照组的就业者而言，该变量对处于此类就业状态的相对概率有正的影响，反之则有负的影响。

为了检验性别差异是否存在，实证分析模型中往往会加入性别这一虚拟变量。当性别变量前面的系数在统计上显著时，说明性别差异的确存在。如果只是简单地研究劳动力就业状况的影响因素，那么解释变量 x_i 中包括：

$$x_i = (\text{Inc}, \text{Age}, \text{Edu}, \text{Gender}, \text{Otherwage}, \text{Otherinc}, \text{Umrate}, \text{Kid}, \text{Prov})$$

其中 Inc 为非工资收入；Age 表示劳动者年龄；Edu 表示劳动者受教育年数，也可用各级教育的虚拟变量表示；Gender 表示劳动者性别，Gender = 0 时为男性，Gender = 1 时为女性；Otherwage 与 Otherinc 分别表示家庭其他成员的工资收入和非工资收入；Umrate 表示当地的男性失业率；Kid 表示家中小孩数，可分为 Kid6、Kid12 和 Kid18，即家庭小于 6 岁、6—11 岁和 12—17 岁的小孩人数；Prov 表示地区虚拟变量。在控制了当地的失业率（即 Umrate）后，Prov 变量则代表了与省份特征有关的产业职业结构、文化特征等。当 Gender 这一性别变量前面的系数在统计上显著时，则说明就业状态的选择中的确存在着显著的性别差异。

由于以上 Multinomial Logit 模型隐含的假定了性别除外的其他有关变量对劳动者就业、失业或者退出劳动力市场的影响中不存在性别差异，因此对以上模型进行回归估计，仅能检验性别因素是否对劳动者处于何种就业状态产生影响，而不能反映性别因素除外的个人、家庭和地区特征是如何对不同性别就业状态产生不同影响的。因此在简单地添加性别虚拟变量的基础上，还可以在模型中添加性别变量和个人变量、家庭变量、地区变量的交叉项，来说明个人、家庭和地区特征对男性和女性的就业状态有何不同影响。

第三节　对就业状况多重选择的实证分析

由于第五章中已经对劳动参与决策基本影响因素的影响机理进行了初步的探讨，这里不再重复。因此本节对就业状况多重选择的实证分析将侧重于以下三个方面：其一，就业状态选择中的性别差异；其二，地区失业率水平对劳动者本人就业状态的影响；其三，同一影响因素对失业与退出劳动力市场的不同作用。

一、数据特征分析

本章采用的数据同样来自于国家统计局城市社会经济调查总队 2002 年的城市住户调查。由于第五章中侧重于分析已婚女性的劳动供给行为并对家庭分工模型进行验证，而本章则侧重于分析劳动供给和就业的性别差异，分析目的不同，因此在数据选取方法上与第五章有所区别。本章选取的样本具有以下特征：男女均属于主要年龄段（男：16—60 岁，女：16—55 岁）；均不是丧失劳动能力者、在校学生、从事农业生产的人或者是城镇个体和私营企业主。与第五章相同的是，本章对样本作以上的筛选，同样也是为了最大限度地控制非工资收入的内生性问题，以及为了将分析点限定在城镇被雇佣者。而与第五章不同的是，本章选取的样本不再要求被观察对象已婚，因此还可以检验婚姻对男女劳动供给和就业的影响是否存在差异。在对样本进行有效筛选后，样本总量为 18583 个，其中男性 9381 人，女性 9202 人。样本涉及北京、辽宁、浙江、广东、四川和陕西，共五省一直辖市，其中共包括 106 个城市和县城。地区男性失业率指标以"市"为单位进行统计。

表 6 - 2 对有效样本中相关变量进行了初步的统计描述。平均而言，在就业者、失业者和非经济活动者这三类人中，非经济活动者的非工资收入最高、平均年龄最大、平均教育程度最低、女性所占比重以及已婚者所占比重最高；失业者的年龄最小、已婚者所占比重最小；就业者的非工资收入最少、教育程度最高。与男性相比，女性的大专以上比例较低，工资收入较低，而家庭其他成员的工资收入水平较高。两性间个人特征存在着明显差异，那么男女不同的劳动参与程度是否完全由两性间的个人特征差异造成的呢？劳动力市场对两性是否存在着差别选择呢？

表 6 - 2　　　　　　　　　有效样本中变量特征描述

	就业者		失业者		非经济活动者	
	男	女	男	女	男	女
连续变量						
工资收入	14059.85	10984.81	1116.497	715.471	1061.716	462.013

续表

	就业者		失业者		非经济活动者	
	男	女	男	女	男	女
非工资收入	591.544	723.436	1343.523	873.296	8788.078	5393.513
年龄	42.430	39.417	34.108	35.408	55.594	49.237
其他成员工资收入	10399.29	14681.42	10485.68	11967.61	7345.745	14033.67
其他成员非工资收入	4416.988	4246.939	7194.138	5854.56	7050.711	4993.962
0—5 岁孩子数	0.057	0.058	0.015	0.058	0.003	0.028
6—11 岁孩子数	0.148	0.159	0.055	0.132	0.017	0.061
12—18 岁孩子数	0.244	0.268	0.156	0.249	0.047	0.112
虚拟变量						
大专及以上比例	32.037	26.621	13.728	10.136	13.875	3.886
高中比例	37.231	45.202	45.760	44.639	28.426	22.702
初中比例	28.085	25.461	37.550	41.131	42.978	56.385
小学比例	2.510	2.548	2.961	3.801	14.213	15.114
小学以下比例	0.137	0.168	0.000	0.292	0.508	1.912
已婚比例	88.729	86.621	46.972	75.536	98.308	97.162
未婚比例	11.271	13.379	53.028	24.464	1.692	2.838
北京比例	10.178	10.755	5.249	2.242	14.044	9.377
辽宁比例	32.410	30.953	34.859	40.643	34.518	32.511
浙江比例	15.124	15.210	14.670	13.743	10.829	16.410
广东比例	16.652	17.651	20.727	18.031	9.306	14.559
四川比例	12.042	12.021	14.536	14.620	20.812	14.621
陕西比例	13.595	13.410	9.960	10.721	10.491	12.523
男性比例	55.109	42.001	26.718			
女性比例	44.891	57.999	73.282			
观察值个数	8047	6555	743	1026	591	1621

注：（1）高中比例包括接受了普通高中、职业高中或者是技工学校教育的人所占比例。（2）已婚者指结婚后有配偶的人；未婚者指无配偶的人，包括从未结过婚的人、离婚者、丧偶者以及其他无配偶的情况。（3）由于样本中包括了未婚者，因此"家庭其他成员"不仅仅包括配偶，也包括父母、兄妹等家庭成员。"家庭其他成员工资收入"为家庭所有其他成员的工资收入之和。"家庭其他成员非工资收入"为家庭所有其他成员非工资收入之和。（4）部分失业者和非经济活动者的工资在本书的样本中不为零，原因在于我国下岗政策允许部分下岗人员在一定期限内仍可从原单位领取少量工资。

　　在图 6 - 2 和图 6 - 3 中，本书以 16 岁及以上人口为计算基础，分 106 个市镇观察，无论男女，劳动参与率与失业率这两个指标都呈强烈反差，失业越严重的地区，男女的劳动参与率越低。劳动参与率与失业率的负相关性在女性群体中表现更为明显。男女劳动参与率与当地男性失业率之间的相关系数分别为 - 0.2866 和 - 0.3099，而且显著。初步的统计结果支持失望工人假说：失业率的持续提高，使那些长期不能就业的失业者丧失找到工作的信心，从而放弃工作搜寻退出劳动力市场，也使那些本来希望进入劳动力市场的人放弃希望推迟进入劳动力市场。失望工人效应的性别差异也有所体现。

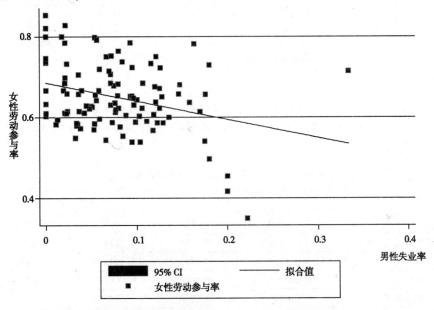

图 6 - 2　地区女性劳动参与率与当地男性失业率

注：横坐标表示分地区的男性失业率，纵坐标表示当地女性劳动参与率。样本量为 106 个。

二、不含交叉项的 Multinomial Logit 模型回归结果及讨论

　　不含交叉项的 Multinomial Logit 模型回归结果如表 6 - 3 中所示。无论是在时间序列中所观察到的变动趋势上，还是在横截面数据中所观察到的地区分布上，劳动参与率与失业率之间都呈现出强烈的负相关性。那么这种负相关性是否存在经济上的因果关系呢？从运用 Multinomial Logit 模型对城镇劳动力的就业状况多重选择的实证分析结果中可以看出：

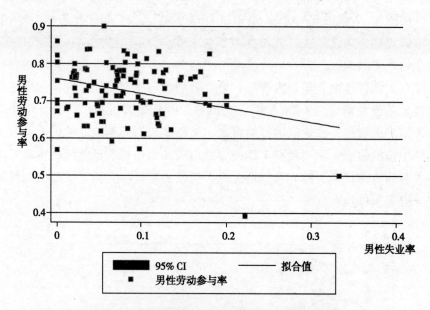

图6-3 地区男性劳动参与率与当地男性失业率

注：纵坐标表示当地男性劳动参与率，横坐标表示分地区的男性失业率。样本
量为106个。

表6-3   不含交叉项的 Multinomial Logit 模型估计结果

	失业		退出劳动力市场	
	系数	RSE	系数	RSE
非工资收入/1000	0.1489***	0.0153	0.2687***	0.0151
年龄	-0.1010***	0.0281	-0.3538***	0.0434
年龄平方	0.0004	0.0004	0.0058***	0.0005
大专及以上	-1.0840***	0.0873	-1.0937***	0.1280
高中	NI	NI	NI	NI
初中	0.6522***	0.0643	0.9773***	0.0741
小学	0.9030***	0.1559	1.7959***	0.1128
小学以下	0.6629	0.6270	2.6714***	0.3857
女性	0.4708***	0.0560	2.4477***	0.0890
男性	NI	NI	NI	NI
家庭其他成员工资收入/1000	-0.0004	0.0025	-0.0058*	0.0033
家庭其他成员非工资收入/1000	0.0141***	0.0031	0.0235***	0.0054
当地男性失业率	11.1079***	0.5333	2.0263***	0.6619

续表

	失业		退出劳动力市场	
	系数	RSE	系数	RSE
0—5 岁小孩人数	− 0.4683 ***	0.1424	1.1294 ***	0.2205
6—11 岁小孩人数	− 0.4681 ***	0.0987	0.7216 ***	0.1280
12—18 岁小孩人数	− 0.0217	0.0719	0.0417	0.1012
已婚	− 0.5327 ***	0.0990	0.8582 ***	0.1991
未婚	NI	NI	NI	NI
北京	− 0.4244 ***	0.1495	− 0.4953 ***	0.1415
辽宁	NI	NI	NI	NI
浙江	− 0.1100	0.0903	− 0.8453 ***	0.1104
广东	0.0961	0.0844	− 0.2601 **	0.1044
四川	0.0296	0.0867	0.3458 ***	0.0917
陕西	0.0281	0.0943	0.2170 **	0.1034
常数项	− 0.0235	0.4773	− 2.1537 **	0.8751

注：（1）"***""**""*"分别表示在1%、5%和10%的水平上显著。（2）NI表示未包括在模型中。（3）样本中观察值个数为18583个；Wald Chi^2（40）= 4516.92；Prob > chi^2 = 0.0000；Pseudo R^2 = 0.3511；Log pseudo-likelihood = − 8039.3713。（4）为克服异方差性，表中计算出的是异方差稳健的标准误（RSE，即 Robust Standard Error）。（5）参照组为就业者。

第一，性别对失业以及退出劳动力市场的影响都为正，且显著。这意味着在其他条件都相同的情况下，相对于就业而言，女性要比男性更容易失业，也更容易退出劳动力市场。这不仅意味着在原有经济活动人口中，同等条件的女性要比男性更难以保持原有的工作；还意味着在失去原有的工作后，女性要比男性更难以获得新的工作，从而只好退出劳动力市场。

第二，"失望工人假说"（discouraged worker hypothesis）得到了验证。劳动者的就业状态与整个劳动力市场的就业形式是正相关的，当整个劳动力市场的就业形式恶化时，劳动者本人的就业状况也随之恶化，不仅体现为劳动者失业的概率增加，还体现为劳动者在严峻的就业形式下，容易丧失信心，退出或者放弃劳动力市场。在就业机会相对减少的情况下，劳动者或者推迟进入劳动力市场，或者干脆退出劳动力市场，从失业状态转为非经济活动状态，并不表示他们就不愿意工作，而是由于找到工作的希望过于渺茫所致。失望工人的存在说明，在可计量的失业人口之外实际上还存在着一部分隐蔽性失业，一旦经济形式好转，这部分人将重新进入劳动力市场参与经济活动。如果把这部分人也视为失业者的话，城镇失业率被大大低估了。对劳动力市场就业形式的认识，以及政策的制定，都必须充分重视这部分人的存在。

对失望工人假说的验证并不意味着与其相对立的假说"增加工人效应"就不存在。当家庭其他成员就业状况变差时，家庭经济状况也必然随之相对变差，于是必然有部分原先没有进入劳动力市场的"辅助劳动力"出于维持家庭开支的目的而希望能够开始工作。在对我国次级劳动力市场的研究中也发现，在劳动者存在最低必须支出这一约束条件下，经典劳动供给曲线将出现一个拐点，延续拐点后的劳动供给曲线向右下方倾斜，低收入者或贫困者的劳动供给出现了随着工资降低而增加的现象①。本书对样本整体的回归结果中之所以没有体现出增加工人效应，与样本的分布有关。农业户口的劳动力在本书的有效样本中所占比重仅为1.34%，丈夫月收入低于300的女性劳动力所占比重仅为1.32%，丈夫月收入低于600的女性劳动力所占比重仅为3.68%。于是限定了增加工人效应发挥作用的范围。

第三，相关经济变量对劳动者处于失业和退出劳动力市场状况的影响并不一致。首先，劳动者退出劳动力市场的概率随年龄增大先减后增，而劳动者失业的概率却是随着年龄增大显著降低。这一点与蔡昉和王美艳②的研究结论是一致的。为什么相对于就业而言，年长者失业的概率会降低呢？这也与我国目前的就业形式有关。在企业冗员过多背景下，企业往往针对不同年龄段采取了不同的措施，对接近退休年龄的人采取提前退休的方式，并有相应的退休养老政策支持；就青年人则采取了买断工龄等方式。由于就接近退休年龄的人而言，一旦他们失去原有的工作岗位，他们就很难找到新的工作，因此年长者的就业状态更多地表现为退出劳动力市场，而不是失业。

不同教育对劳动者失业或者退出劳动力市场的影响也不完全相同。相对于高中文化程度者而言，除小学以下文化程度者失业的概率与高中文化

① 郭继强：《中国城市次级劳动力市场中民工劳动供给分析》，《中国社会科学》2005年第5期。

② 蔡昉、王美艳：《中国城镇劳动参与率的变化及其政策含义》，《中国社会科学》2004年第4期。

程度者没有显著区别外，高中以下文化程度者退出劳动力市场的概率以及失业的概率都显著提高。这表明就业形式对低文化程度者而言非常严峻，即使他们更多地减少劳动供给，这部分劳动力的供需矛盾也没有相对缓减。大专及以上文化程度者失业或者退出劳动力市场的概率都要显著低于高中文化程度者。

婚姻状况对劳动者失业和退出劳动力市场的作用刚好相反。已婚者更容易退出劳动力市场，而更不容易失业。小孩人数的作用和婚姻状况的作用类似。家中0—5岁和6—11岁的小孩人数越多，劳动者同样也是越容易退出劳动力市场，而越不容易失业。此外，非工资收入、家庭其他成员的非工资收入，以及地区虚拟变量对失业和退出劳动力市场产生了类似的影响。其影响机理和第五章叙述的相同，这里不再复述。

第四节　劳动就业状况多重选择中的性别差异

本节通过含交叉项的 Multinomial Logit 模型对劳动就业状况多重选择中的性别差异进行分析，回归结果如表6-4中所示。该模型中除了包含性别变量外，还包括了性别变量和个人变量、家庭变量、地区变量的交叉项，目的是分析各变量对男女劳动力市场状态的影响有何差异，以及该差异是否显著。

表6-4　　含交叉项的 Multinomial Logit 模型估计结果

	失业		退出劳动力市场	
	系数	RSE	系数	RSE
非工资收入/1000	0.1609 ***	0.0216	0.2839 ***	0.0223
年龄	-0.0506 ***	0.0071	0.2492 ***	0.0161
大专及以上	-0.9445 ***	0.1299	-0.9273 ***	0.2016
高中	NI	NI	NI	NI
初中	0.5931 ***	0.1026	0.3641 ***	0.1383
小学	0.7465 ***	0.2517	1.1600 ***	0.1853
小学以下	-19.2423 ***	0.6906	0.8752	0.8698
女性	0.4768 ***	0.0586	5.6529 ***	1.1926
男性	NI	NI	NI	NI

续表

	失业		退出劳动力市场	
	系数	RSE	系数	RSE
家庭其他成员非工资收入/1000	0.0110 **	0.0046	0.0257 *	0.0139
当地男性失业率	9.8680 ***	0.8226	2.7015 **	1.1785
0—5 岁小孩人数	− 1.1796 ***	0.3333	− 1.4463	1.4476
6—11 岁小孩人数	− 0.7827 ***	0.1860	0.0978	0.4141
12—18 岁小孩人数	− 0.1381	0.1151	− 0.4591	0.2872
已婚	− 1.4528 ***	0.1683	− 0.7291	0.4695
北京	− 0.1237	0.2028	− 0.0440	0.2400
辽宁	NI	NI	NI	NI
浙江	0.0907	0.1402	− 1.2424 ***	0.2098
广东	0.4641 ***	0.1268	− 0.6310 ***	0.2150
四川	0.2944 **	0.1339	0.5607 ***	0.1615
陕西	0.1703	0.1496	0.0394	0.2040
性别 * 非工资收入/1000	− 0.0293	0.0310	− 0.0067	0.0309
性别 * 年龄	− 0.0290 ***	0.0092	− 0.1071 ***	0.0192
性别 * 大专及以上	− 0.2403	0.1752	− 0.4351 *	0.2639
性别 * 初中	0.0907	0.1316	0.8189 ***	0.1617
性别 * 小学	0.2412	0.3224	0.9239 ***	0.2320
性别 * 小学以下	20.4137	20.4862	2.1990 **	0.9851
性别 * 家庭其他成员非工资收入/1000	0.0020	0.0063	− 0.0011	0.0150
性别 * 当地男性失业率	2.2786 **	1.0834	0.8455 ***	0.1365
性别 * 家中 0—5 岁小孩数	0.9899 ***	0.3751	3.2833 **	1.4707
性别 * 家中 6—11 岁小孩数	0.4610 **	0.2196	0.7935 *	0.4405
性别 * 家中 12—18 岁小孩数	0.1725	0.1444	0.4715	0.3075
性别 * 已婚	1.4405 ***	0.2085	1.5650 ***	0.5206
性别 * 北京	− 0.6666 **	0.3084	− 0.7786 ***	0.2913
性别 * 浙江	− 0.3764 **	0.1810	0.4269 *	0.2450
性别 * 广东	− 0.6614 ***	0.1643	0.3896	0.2435

	失业		退出劳动力市场	
	系数	RSE	系数	RSE
性别 * 四川	− 0.4786 ***	0.1771	− 0.3547 *	0.1951
性别 * 陕西	− 0.2772	0.1937	0.2154	0.2367
常数项	− 0.7269 ***	0.2255	− 15.7869 ***	1.0659

注：观察值个数为 18583 个；Log pseudo-likelihood = − 8120.0183；Preudo R^2 = 0.3601。

从分析结果可以看出，即使其他变量都相同，不同性别的人所处就业状态仍存在显著差别，与男性相比，女性有更大的失业概率和退出劳动力市场的概率。从模型 2 的估计结果中还可以看出，各因素对劳动者就业状态的影响的确都存在显著的性别差异。

第一，教育对女性就业状态的影响要比对男性就业状态的影响更加突出。相对于高中文化程度者而言，高中以下文化程度（包括初中、小学和小学以下）的女性要比男性更容易退出劳动力市场。尤其是小学以下文化程度者更是如此。小学以下文化程度的男性退出劳动力市场的概率与高中文化程度者并没有显著区别，而小学以下文化程度的女性退出劳动力市场的概率则要显著大于高中文化程度者。导致这种差异的原因可能在于，最低教育程度的劳动者在寻找工作时所能获得的工作机会存在最大的性别差异。而较高文化程度的劳动者其就业状态的性别差异并不显著。可能的原因包括：其一，最低教育程度的劳动者可能更多就业于一些“男性的职业”，比方说，涉及重体力活的职业等，女性并不适宜从事这些职业；其二，最低教育程度的劳动者可能面临更多的性别歧视。这表明，教育将是改善妇女劳动力市场相对地位的有效方式。

第二，无论男女，年龄越大越不容易失业，同时也越容易退出劳动力市场。然而在其他条件都相同的情况下，男性的就业状况受年龄冲击的程度更大。随年龄加大，女性要比男性更不容易失业，男性要比女性更容易退出劳动力市场。这种差异可能是由于男女不同的产业职业结构造成的。男性要比女性更多地从事体力劳动，而这种劳动受年龄约束更明显一些。

第三，女性更容易受到当地劳动力市场的状况影响，在劳动力市场的就业形式恶化时，女性要比男性更容易失业，也更容易退出劳动力市场。此外和本书的预期相吻合，即使其他条件都相同，失望工人效应中也存在着显著的性别差异。女性在就业或者寻找工作时更容易遭遇挫折，并且即使女性更多地退出劳动力市场，也没能缓解女性劳动力的供过于求，这说明女性的就业形式要比男性严峻得多。在本书的回归中控制了以教育程度为代表的人力资本特征，以及以婚姻状态、小孩人数、家庭收入为代表的家庭特征，因此女性就业的相对恶化并不是由于女性人力资本禀赋与男性存在差异，或者由于女性更偏好闲暇的原因，而是市场上的性别歧视所致。

第四，相对于就业而言，0—11岁小孩人数的增加显著降低了劳动者失业的概率。与女性相比，小孩人数对降低男性失业概率的影响作用更大一些。在劳动参与概率方面，小孩人数的增加对男女的作用就完全不同了。0—11岁小孩人数的增多对男性是否退出劳动力市场并没有显著影响，但是却显著增加了女性退出劳动力市场的概率。为什么会存在以上性别差异呢？可能的原因在于：男性可能更倾向于通过努力工作以降低失业概率，进而才能更好地承担抚养小孩的费用。而小孩人数的增多对女性劳动就业的作用则比较复杂，一方面，生理上的特征导致女性可能在生育期间暂时退出劳动力市场，表现为降低劳动参与率，并且女性在传统上会对养育小孩花费更多的精力；但是另一方面就仍然参与社会经济活动的女性而言，小孩人数的增多则也促使其通过就业来养育小孩，表现为失业率的降低。

第五，婚姻状况对男女的就业状态影响截然不同。已婚男性失业概率要显著低于未婚男性，已婚男性和未婚男性在退出劳动力市场的概率上没有显著差别；而已婚女性的失业概率以及退出劳动力市场的概率都要显著高于未婚女性。如果说对男性而言，已婚和家庭责任的加大，意味着他们必须提高工作努力程度减少失业概率的话，那么就女性而言已婚和家庭责任的加大，就可能意味着她们不得不将更多的时间用于家庭生产（如家务劳动和生育等）。即使婚姻并没有确实改变女性的时间配置方式，但是劳动力市场上的统计性歧视也会导致企业在雇用人员时更偏好于已婚的男性，而不是已婚的女性，从而使女性的就业状态相对恶化。

此外，家庭其他成员收入对劳动者本人就业状态的影响并不存在显著的性别差异。

第五节　本章小结

就业率指标由于忽略了"失望的工人"的存在，从而低估了劳动力市场恶化的程度。只有同时观察就业率和劳动参与率的变动趋势，才能把握住劳动力市场中存在的关键问题。就我国的情况而言，男性就业形式恶化主要体现为就业率的下降，而女性就业形式的恶化不仅体现在不断上升的失业率上，还突出体现在不断降低的劳动参与率上。就业率和劳动参与率的同时大幅下降意味着女性所面临的就业形式要比男性更为严峻。

本章将劳动者所处的就业状态区分为三类：就业、失业和退出劳动力市场，并运用微观数据，用 Multinomial Logit 模型研究了我国就业状态的影响因素以及各因素对不同性别的就业状态的影响有何不同。研究发现，第一，性别因素的影响非常显著，在其他变量都相同的情况下，相对于就业而言，女性比男性更容易失业，退出劳动力市场的概率也更大。第二，教育、年龄、家庭其他成员就业状况、家中幼儿人数以及婚姻状况对不同性别的就业状态的影响也有显著差异。最低教育程度的劳动者在寻找工作时所能获得的工作机会存在最大的性别差异。这反过来意味着提高教育程度对改善女性群体的就业状态作用更为突出。在其他情况都相同的条件下，女性就业状况受年龄的冲击相对男性较小。"失望工人效应"在男女群体中都表现得非常显著，并存在显著的性别差异，在经历同等程度的失业率上升后，女性要比男性更容易由于对找到工作丧失信心而退出劳动力市场。家中小孩人数对劳动就业的作用，在男性群体中更多地表现为失业概率的下降，而在女性群体中则更多地表现为退出劳动力市场概率的增加。已婚降低了男性失业的概率，而增大了女性失业和退出劳动力市场的概率。

本章最重要的结论有二。其一，女性要比男性更容易受到劳动力市场的就业形式的冲击而失业。失望工人效应的作用在男女劳动力群体中非常显著，且该效应中存在显著的性别差异。对失望工人效应的存在及其性别差异进行验证，有利于更清晰地看到女性的就业状态。其二，我国城镇就业率与劳动参与率的影响因素中也存在着显著的性别差异。这意味着必须针对不同性别的人制定不同的就业促进政策，这样才能保证政策的有效性。

第七章

从非自主劳动供给向自主
劳动供给的转化

　　我国经济正处于急剧变化之中。双重二元的制度结构不是一个稳定的制度形态，而是一个过渡的形态。在这种经济结构正发生巨大变化、经济体制正在经历重大变迁的过程中，人们的收入来源、支出结构、消费心理、个人偏好也都有着很多难以预见的不确定因素。劳动供给作为个体行为，受到自身条件、自身环境和周边人群的行为影响也就具有了不断变动的特点，某一时点的劳动供给行为模式并不能衡量整个经济转型期的劳动供给特征。因此本章所提供的经验证据旨在说明，在中国的经济转型和发展时期，由于制度的变迁，女性在不同时期存在不同的劳动供给行为模式，体现为不同时期女性有着不同的劳动供给函数，而女性劳动供给行为模式的变化是导致女性劳动参与率在经济转型中大幅下降的主要原因。

　　本章的主要框架如下：第一节从理论上分析了劳动供给行为与就业体制安排的内在联系；第二节对女性劳动供给行为的变动进行了实证分析；第三节区分了劳动供给行为的变动与劳动供给量的变动，并对由于劳动供给行为模式变动而造成的女性劳动参与率下降进行了经验上的探讨；最后是本章小结。

第一节　劳动供给行为与就业体制安排的内在联系

　　劳动供给是一个相当复杂的问题。它往往受到个人的偏好和个人所处的经济、社会环境的影响。就转轨中的中国而言，情况更为复杂。计划经济体制下实行劳动就业统包统配，个人无择业自由，劳动供给并非个人自主的决策；随着劳动力资源配置的市场化，劳动者对于选择职业的意愿亦日渐增强，劳动供给的自主决策正逐渐取代过去的非自主决策。然而我国劳动力市场仍处于转型过程中，仍保留着许多计划经济时代所留下的痕迹，面对非竞争性的劳动力市场，甚至是分割的劳动力市场，劳动者的劳动供给行为受到了更多的非经济因素的影响，呈现出复杂性和多变性。

在自由的市场经济条件下，劳动者会根据价格信号，包括工资和其他各种非工资待遇，自主地进行劳动参与与否以及劳动投入量多少的决策，以实现个人或家庭效用最大化的时间配置（详见第二章）。经典的劳动供给曲线呈现出劳动供给随工资增长而后弯的轨迹（参见图 7 - 1）。然而该理论并不能解释我国传统的中央集权的计划经济体制下的劳动供给行为。

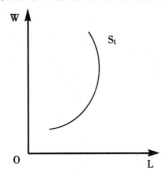

图 7 - 1　向后弯曲的劳动供给曲线

一、计划经济体制下的劳动供给行为

我国传统的中央集权计划经济体制的一个显著特征是排斥市场在资源配置中的作用。居民个人的劳动供给也被纳入行政计划控制的框架内。无条件服从组织分配，一切听从组织安排，是劳动者必须遵循的原则。国家作为用工主体，不仅要通过各种计划指标和额度控制就业总量和就业结构，甚至还通过严格的户籍、人事制度对个人的劳动供给行为进行严格的限制，劳动供给主体对就业部门、就业地区、职业类型以及工作时间长短都没有自主权。这也就是当时所实行的劳动就业统包统配制度的基础。统包统配制度下，劳动就业的计划决策代替了劳动者个人的自主决策。

市场机制的匮乏，割断了劳动供给与工资报酬之间的内在联系。无论是劳动供给总量还是个人的劳动供给量，工资的引导作用都微乎其微。社会长期实行的非物质手段的激励也极大地抑制了人们对物质利益的追求。个人的劳动供给行为维系于各种感情和精神激励的因素。女性劳动供给更是如此。政府为了片面追求"提高妇女劳动参与率"的政治目标，进行了大范围的文化宣传。在"妇女半边天"等革命浪漫主义激情的激励下，女性劳动力供给的主要决定因素是精神激励，例如，责任感、批评、对精神鼓励的崇尚和追求、自我道德感的约束，以及劳动者的劳动传统和社会舆论约束等。这意味着工资和非工资等经济变量并没有对劳动供给行为产生应有的作用。于是与市场经济体制下劳动供给曲线不同的是，计划经济体制下，劳动供给与工资水平不再相关联①。它可能具有两种形态，其一为垂直线，这种情况下劳动供给的工资弹性为零，表明劳动供给的变动独立于工资的变动，一旦劳动供给量被确定了下来，它将不能随工资变化而调整（参见图 7-2）；其二为水平线，这种情况下劳动供给的工资弹性无限大，表明工资水平的决定独立于劳动供给（参见图 7-3）。

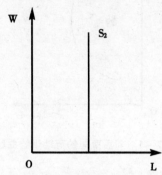

图 7-2   垂直的劳动供给曲线

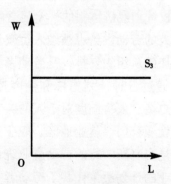

图 7-3   水平的劳动供给曲线

---

①   张风林：《劳动供给行为与就业体制安排的内在关系研究》，《学术研究》2002 年第 11 期。

二、体制转轨中的劳动供给行为

体制转轨开始以来，随着劳动供给决策权的分散化，劳动供给逐渐从非自主决策向自主决策转化。其环境因素是行政约束的递减和经济理性的递增。一方面市场的放开扩大了活动自由和选择空间，人们可以依据自己的爱好选择自己的劳动供给数量和自己的职业，从而实现个人多方面的需求；另一方面，人们的价值判断标准也逐渐趋于理性，人们越来越多地关心物质报酬，劳动供给对工资的反应弹性也开始变大。劳动供给曲线也开始向右上方倾斜。

值得注意的是，我国劳动力市场的改革仍很滞后。劳动力市场的城乡分割和地区分割现象仍然存在。作为行政等级制的一级组织，为完成中央政府提出的经济和社会目标，地方政府采取了各项措施不断地追求本地利益最大化。地方政府在处理地区经济利益问题时，一般具有明确的行政边界。为了保护本地居民的就业，各地政府都采取了一些保护性的措施。在这种背景下，劳动供给中的价格机制变得扭曲。城镇对农民进城务工作出限制，发达城市对外来流动劳动力进行控制，这些都限制了价格在劳动力资源配置中发挥作用。转型期新旧体制的并存也使劳动力市场分割特征更为明显，内部劳动力市场和外部劳动力市场并存，内部劳动力市场中人力资源的配置与利用依据一系列行政管理制度来实现，价格机制的作用在内外劳动力市场中分割开来。此外计划经济时期长期实行的户籍管理制度和人事档案的管理制度仍然沿袭了下来。这些管理制度至今已明显成为劳动供给的制度性障碍，严重限制着劳动者的流动，乃至劳动者劳动供给自主决策。

由此可见，尽管我国劳动者的劳动供给行为已经向着市场化和功利化的方向发生了重要变化，但是这种变化并不彻底，仍带有计划经济体制所留下的特殊痕迹。

第二节　1988 年以来女性劳动供给函数的变动

随着体制的转轨，女性时间配置上的偏好和女性的劳动供给行为，表现为劳动供给函数，也随之发生了改变。计划经济时期，工资、收入、小孩数等可观测的经济和家庭人口变量对女性劳动供给的决定作用并没有凸显出来。经济转型中，随着政府对劳动力资源配置行政干预力量的减弱，情感和上级的精神激励对女性劳动供给的刺激作用明显减弱，此时女性劳动供给函数也必然发生变化。工资、教育、收入，以及生育行为对女性劳动供给决策也就可能在经济转型中发挥出比计划经济时代更大的作用。因此本节的假说是：

假说 1：经济转型中女性劳动供给函数发生了变动，教育、收入以及小孩人数等经济变量在经济转型后期要比经济转型前期发挥更大的作用。

为验证这一假说，本书随后利用了 1988—2002 年的混合横截面数据，将数据分为 1988—1992 年、1993—1997 年和 1998—2002 年前、中、后三期，并对比了这三期的女性劳动供给函数。之所以要分为三期，是因为我国经济体制的改革具有阶段性的特征，虽然我国的经济体制改革开始于 20 世纪 70 年代后期，但是劳动力市场改革的突破性措施却出现在 20 世纪 90 年代中后期。直到 1995 年全员劳动合同制的推行，统包统配的传统就业体制才开始受到了真正意义上的冲击；1998 年，我国确立了新时期的就业方针，即"要实行在国家政策指导下，劳动者自主择业，市场调节就业，政府促进就业的方针"，此时市场导向的就业机制才基本确定，企业用工自主权和劳动者就业自主权才得到了真正的落实。于是就业体制对劳动供给函数的影响并不是线性的，而是不同阶段有不同的特征。分期的劳动供给函数的变动分析有助于把握住劳动供给行为变动的阶段性特征。

一、数据简介

本章所采用的数据来源于国家统计局城市社会经济调查总队 1988—2002 年的城市住户调查。15 年连续的样本为本章研究女性劳动供给函数的长期变动趋势提供了便利。这 15 年的数据被分为了前、中、后三个时间段：1988—1992 年、1993—1997 年，1998—2002 年。于是本章中第一期的统计描述和统计结果建立在 1988—1992 年混合横截面数据的基础上，第二期建立在 1993—1997 年混合横截面数据的基础之上，第三期建立在 1998—2002 年混合横截面数据的基础之上。之所以用这三期的混合横截面数据，而不单独列出 1988、1992、1997 和 2002 年的情况进行比较，是为了控制一些突发性的变异所导致的劳动供给函数的突变，从而使劳动供给函数的变动显得更为平滑一些。

随着这 15 年来统计工作的逐渐完善，统计指标覆盖范围和界定都略有改变，比方说，2002 年的调查问卷新增了"上个月的工作小时数"等。为具有可比性，本章将选取这些年共同的指标来加以分析。2002 年以前工作小时数指标的缺乏，也导致无法计算出 2002 年之前的小时工资数。此外，本章将各年的工资和收入水平都以 1988 年的价格指数为基数进行了调整，因此所报告出来的工资和收入均为实际工资和实际收入水平。

本章采用第五章中的方法对样本进行处理。选取的样本同样具有以下特征：已婚的且丈夫和妻子的相关数据都齐全的家庭；妻子属于劳动年龄人口（16—55 岁）的家庭；户口所在地为北京、辽宁、浙江、广东、四川或者陕西；且丧失劳动能力者、在校学生、从事农业生产的人以及城镇个体和私营企业主均被剔除在有效样本之外。在对样本进行有效筛选后，这三期的样本量分别为 58732、15266 和 13327 户家庭。

表 7 - 1 概括了 1988—2002 年前后三期家庭劳动供给相关经济变量的基本特征。平均来说，1988—2002 年间，男女工资与收入都有大幅提高，但是女性工资和收入的增加速度却明显慢于男性。男女工资之比从第一期的 1. 31 倍扩大到了第三期的 1. 47 倍，收入之比从第一期的 1. 29 倍变成了 1. 40 倍。与此相对应的是，丈夫的劳动参与率仅有略微的下降，从 96% 降为 94% ，而妻子的劳动参与率则从 90% 大幅度下降到了 83% 。

仔细观察表 7 - 1 的初步统计结果，发现各经济变量的变动在明显的阶段性。从第二到第三期的变动要比从第一到第二期的变动更为剧烈。此外虽然与第一期相比，第二期的收入和工资都有明显增长，但是这两期中工资和收入的性别差异却没有明显扩大。两期中男女工资之比分别为 1. 31 与 1. 32，收入之比为 1. 29 与 1. 31。更为重要的是，第一、第二两期的劳动参与率并没有非常明显的变化，女性劳动参与率维持在 90% 左右，男性劳动参与率在 96% 附近徘徊。性别工资差距的扩大，以及性别劳动参与率差距的扩大，都主要发生在第三期 1998—2002 年间。

表 7 - 1　　1988—2002 年分阶段的家庭劳动供给相关变量的基本特征

	第一期（1988—1992）		第二期（1993—1997）		第三期（1998—2002）	
	女	男	女	男	女	男
连续变量						
工资	1575.89	2065.01	2735.87	3620.73	3313.34	4865.00
总收入	1812.75	2346.65	2977.59	3891.76	3911.26	5474.31

续表

	第一期（1988—1992）		第二期（1993—1997）		第三期（1998—2002）	
	女	男	女	男	女	男
非工资收入	236.86	281.64	241.72	271.03	597.92	609.31
受教育年数	9.86	11.11	10.66	11.50	11.05	11.74
年龄	39.31	42.07	40.69	43.25	42.54	44.85
0—5 岁以下小孩数	0.27	0.27	0.11	0.11	0.08	0.08
6—11 岁小孩数	0.43	0.43	0.27	0.27	0.19	0.19
12—17 岁小孩数	0.53	0.53	0.37	0.37	0.31	0.31
虚拟变量						
大专及以上比例	7.96	20.52	12.79	26.19	17.24	28.60
高中比例	35.27	34.76	39.03	33.41	39.82	35.30
初中比例	37.85	34.69	38.84	34.90	36.42	31.97
小学比例	15.98	9.41	8.80	5.40	6.12	4.03
小学以下比例	2.93	0.61	0.54	0.11	0.40	0.10
劳动参与率	89.54	95.67	89.89	95.83	82.52	93.88
地区失业率	3.37	2.86	2.83	2.45	7.73	5.32

注：为了方便对比，本章中的工资和收入是以 1988 年为基年计算出的真实工资和真实收入。

二、模型方法

假设潜在劳动参与函数为：

$$P_i^* = x_i\beta + \varepsilon_i \qquad (1)$$

其中 x_i 设为一组变量向量，β 为参数向量，ε_i 为随机误差项。当 $P_i^* > 0$ 时，已婚妇女将选择参与劳动力市场，此时 $Inlf_i = 1$；反之当 $P_i^* < 0$ 时，已婚妇女将选择退出劳动力市场，此时 $Inlf_i = 0$。

与前面各章不同的是，为了方便应用 Blinder-Oaxaca 分解法（参见本章第四节），本章将用线性概率模型（LPM，即 linear probability model）来估计不同因素对已婚妇女参与或退出劳动力市场的影响。假设 ε_i 在 [0，1] 之间均匀分布，x_i 对劳动参与决策的影响则可以由下式决定：

$$P\{Inlf_i = 1 \mid x_i\} = P\{P_i^* > 0 \mid x_i\} = P\{x_i'\beta + \varepsilon_i > 0 \mid x_i\} =$$
$$P\{\varepsilon_i > -x_i'\beta \mid x_i\} = 1 - F(-x_i'\beta)$$

$$= F(x_i'\beta) = F(z) = \begin{cases} 0, z < 0 \\ z, 0 \leqslant z \leqslant 1 \\ 1, z > 1 \end{cases}$$

与 probit 模型相比，尽管 LPM 存在着两方面的缺陷，但是对本章的研究不会有太大的影响。首先，虽然 LPM 的预测值可能大于 0，或者小于 1，与概率值必须大于 0 以及小于 1 相矛盾，但是由于概率的预测值并不是本章分析的核心，而本章关注的是自变量在其他条件不变的情况下对概率的影响，因此这个问题对本章的分析不会产生太大的干扰。其次，虽然 LPM 存在着一定异方差性，但是大样本情况下应用 OLS 异方差稳健（heteroskedasticity-robust）的方法可以克服这一缺陷。并且与 probit 模型相比，LPM 模型的优势突出体现为容易估计和解释。因此本章采用了 LPM，并用 OLS 根据 1988—2002 年的数据对模型进行估计，同时计算了异方差稳健的 t 统计量。

三、经济转型不同阶段的回归结果及其比较

由于前面各章已经对各经济变量对女性劳动参与的作用进行了详细的讨论，这里不再重复。本章的重点在于讨论经济转型是否造成了劳动供给函数的变动。第一期、第二期和第三期的回归结果显示（见表 7-2），各经济变量的系数在经济转型前后都发生了不同程度的变化。然而与预期不同的是，并不是所有的经济变量都在经济转型后期对女性劳动参与发挥了较经济转型前期更大的作用。虽然教育、小孩人数对女性劳动参与的作用都在加强，但是丈夫收入对女性劳动参与的作用却明显下降。

表 7-2　　　　　　不同时期女性劳动参与的决定因素

	第一期（1988—1992）		第二期（1993—1997）		第三期（1998—2002）	
	系数	RSE	系数	RSE	系数	RSE
妻子非工资收入/1000	-0.1282 ***	0.0144	-0.1659 ***	0.0123	-0.0929 ***	0.0082
丈夫非工资收入/1000	-0.0199 ***	0.0031	-0.0011	0.0039	-0.0093 ***	0.0020
年龄	0.0813 ***	0.0021	0.0680 ***	0.0042	0.0894 ***	0.0058
年龄平方	-0.0012 ***	0.0000	-0.0010 ***	0.0001	-0.0013 ***	0.0001
大专及以上	0.0386 ***	0.0025	0.0375 ***	0.0040	0.0380 ***	0.0050
高中	NI	NI	NI	NI	NI	NI

续表

	第一期（1988—1992）		第二期（1993—1997）		第三期（1998—2002）	
	系数	RSE	系数	RSE	系数	RSE
初中	- 0.0416 ***	0.0019	- 0.0520 ***	0.0039	- 0.0995 ***	0.0063
小学	- 0.1574 ***	0.0042	- 0.1818 ***	0.0108	- 0.2556 ***	0.0151
小学以下	- 0.3615 ***	0.0117	- 0.3619 ***	0.0505	- 0.4384 ***	0.0672
0—5 岁小孩数	- 0.0031 **	0.0015	- 0.0018	0.0064	- 0.0465 ***	0.0111
6—11 岁小孩数	- 0.0186 ***	0.0011	- 0.0125 **	0.0060	- 0.0648 ***	0.0085
12—18 岁小孩数	0.0108 ***	0.0010	0.0275 ***	0.0056	- 0.0237 ***	0.0073
地区男性失业率	- 0.2829 **	0.1341	- 0.2695 ***	0.0984	- 0.1426 **	0.0705
常数项	- 0.3313 ***	0.0387	- 0.1480 **	0.0740	- 0.5121 ***	0.1090

注：（1）RSE 为异方差稳健的标准误。（2）" *** "" ** "" * "分别表示在1%、5%和10%的水平上显著。（3）第一期的回归方程中，观察值个数为 58732 个，$F_{(11, 58720)}$ = 1330.62，Prob > F = 0.0000，R-squared = 0.4042，Root MSE = 0.23623。（4）第二期的回归方程中，观察值个数为 15266 个，$F_{(11, 15254)}$ = 365.29，Prob > F = 0.0000，R-squared = 0.4585，Root MSE = 0.22195。（5）第三期的回归方程中，观察值个数为 13327 个，$F_{(11, 13315)}$ = 497.64，Prob > F = 0.0000，R-squared = 0.4071，Root MSE = 0.2926。（6）NI 表示未包括在模型中。（7）此处剔除了一些不显著的自变量，如：丈夫的工资收入等。

　　为更清楚地了解各影响因素对女性劳动参与决策影响作用在近 15 年的变动过程，以及分析该变动在统计上是否显著，本章对数据进行了合并，建立了 1988—2002 年的混合横截面数据，并利用年份和各变量的交叉项看各因素的影响力度随时间推移发生了什么变化。1988—2002 年混合横截面数据的回归结果如表 7 - 3 所示。

　　表 7 - 3 的方程 1 中增加了"年份"这一连续变量，"年份"取值范围为 1988—2002 年，用来衡量女性劳动供给变动的总趋势。年份的系数显著为负，表示在控制收入、教育年数、小孩数等因素，已婚妇女的劳动参与概率随着时间的推移逐渐变小。这和预期是一致的。随着市场化程度的加深，用人单位拥有了更多的自主权，在传统经济体制下被强制实施的男女完全"平等"就业模式被打破，对女性劳动力的工资歧视和就业歧视也随之显示出来。因此即使控制了丈夫收入、教育年数和家庭小孩数，在就业难度加大的情况下，女性参与劳动力市场的概率也会降低。

　　方程 2 中添加了"第二期"和"第三期"的虚拟变量，当年份介于 1993—1997 年，"第二期"取值 1，反之取值 0；类似的，当年份介于

1998—2002 年，"第三期"取值 1，反之取值 0。区分时间段，是为了衡量女性劳动供给变动的阶段性特征。"第二期"和"第三期"的系数都为负，表示女性劳动参与率的下降是一个持续的过程。然而"第二期"的系数要明显大于"第三期"，对"这两个变量系数是相等的"这一假说作Wald 检验，瓦尔德统计量为 8.61，在 1% 的水平上显著。这与本章的猜想相一致，女性劳动供给行为的变动的确具有明显的阶段性，经济体制转型后期女性劳动供给行为发生了更大程度上的改变。虽然劳动力市场改革突破性进展开始于 1995 年，这属于第二期的时间范畴，但是考虑到政策效果的时滞性，劳动供给行为的大幅改变发生在第三期转型后期也就不足为奇了。

表 7 – 3　　　　　　　1988—2002 年混合横截面数据的回归结果

	方程 1		方程 2		方程 3	
	系数	RSE	系数	RSE	系数	RSE
妻子非工资收入/1000	− 0.1122 ***	0.0064	− 0.1126 ***	0.0064	− 0.1282 ***	0.0144
第二期 * 妻子非工资收入/1000	NI	NI	NI	NI	− 0.0377 **	0.0189
第三期 * 妻子非工资收入/1000	NI	NI	NI	NI	0.0353 **	0.0165
丈夫非工资收入/1000	− 0.0106 ***	0.0016	− 0.0108 ***	0.0016	− 0.0199 ***	0.0031
第二期 * 丈夫非工资收入/1000	NI	NI	NI	NI	0.0188 ***	0.0049
第三期 * 丈夫非工资收入/1000	NI	NI	NI	NI	0.0106 ***	0.0036
年龄	0.0823 ***	0.0017	0.0821 ***	0.0018	0.0813 ***	0.0021
第二期 * 年龄	NI	NI	NI	NI	− 0.0133 ***	0.0047
第三期 * 年龄	NI	NI	NI	NI	0.0081	0.0062
年龄平方	− 0.0012 ***	0.0000	− 0.0012 ***	0.0000	− 0.0012 ***	0.0000
第二期 * 年龄平方	NI	NI	NI	NI	0.0002 ***	0.0001
第三期 * 年龄平方	NI	NI	NI	NI	− 0.0001	0.0001
大专及以上	0.0389 ***	0.0020	0.0381 ***	0.0020	0.0386 ***	0.0025
第二期 * 大专及以上	NI	NI	NI	NI	− 0.0011	0.0047
第三期 * 大专及以上	NI	NI	NI	NI	− 0.0007	0.0056
高中	NI	NI	NI	NI	NI	NI
初中	− 0.0520 ***	0.0018	− 0.0514 ***	0.0018	− 0.0416 ***	0.0019

续表

	方程1		方程2		方程3	
	系数	RSE	系数	RSE	系数	RSE
第二期 * 初中	NI	NI	NI	NI	− 0.0104 **	0.0043
第三期 * 初中	NI	NI	NI	NI	− 0.0579 ***	0.0066
小学	− 0.1763 ***	0.0038	− 0.1743 ***	0.0037	− 0.1574 ***	0.0042
第二期 * 小学	NI	NI	NI	NI	− 0.0244 **	0.0116
第三期 * 小学	NI	NI	NI	NI	− 0.0982 ***	0.0157
小学以下	− 0.3810 ***	0.0112	− 0.3780 ***	0.0112	− 0.3615 ***	0.0117
第二期 * 小学以下	NI	NI	NI	NI	− 0.0004	0.0518
第三期 * 小学以下	NI	NI	NI	NI	− 0.0768	0.0682
0—5 岁小孩数	− 0.0024 *	0.0014	− 0.0023	0.0014	− 0.0031 **	0.0015
第二期 * 0—5 岁小孩数	NI	NI	NI	NI	0.0014	0.0066
第三期 * 0—5 岁小孩数	NI	NI	NI	NI	− 0.0434 ***	0.0112
6—11 岁小孩数	− 0.0200 ***	0.0010	− 0.0197 ***	0.0010	− 0.0186 ***	0.0011
第二期 * 6—11 岁小孩数	NI	NI	NI	NI	0.0062	0.0061
第三期 * 6—11 岁小孩数	NI	NI	NI	NI	− 0.0462 ***	0.0085
12—18 岁小孩数	0.0110 ***	0.0009	0.0109 ***	0.0009	0.0108 ***	0.0010
第二期 * 12—18 岁小孩数	NI	NI	NI	NI	0.0167 ***	0.0057
第三期 * 12—18 岁小孩数	NI	NI	NI	NI	− 0.0345 ***	0.0074
地区男性失业率	NI	NI	NI	NI	− 0.2829 **	0.1341
第二期 * 地区男性失业率	NI	NI	NI	NI	0.0134	0.0129
第三期 * 地区男性失业率	NI	NI	NI	NI	0.1403	0.1561
年份	− 0.0027 ***	0.0003	NI	NI	NI	NI
第二期	NI	NI	− 0.0126 ***	0.0021	0.1833 **	0.0836
第三期	NI	NI	− 0.0226 ***	0.0031	− 0.1807	0.1157
常数项	5.0369 ***	0.5047	− 0.3595 ***	0.0320	− 0.3313 ***	0.0387

注：（1）RSE 为异方差稳健的标准误。（2）"***""**""*"分别表示在 1%、5% 和 10% 的水平上显著。（3）观察值个数均为 87325 个。（4）方程 1 中 F（12，87312）＝ 1996.60，Prob > F ＝ 0.0000，R-squared ＝ 0.4113，Root MSE ＝ 0.24452。（5）方程 2 中，F（13，87311）＝ 1836.71，Prob > F ＝ 0.0000，R-squared ＝ 0.4108，Root MSE ＝ 0.24461。（6）方程 3 中，F（35，87289）＝ 700.48，Prob > F ＝ 0.0000，R-squared ＝ 0.4171，Root MSE ＝ 0.24333。（7）NI 表示未包括在模型中。（8）此处剔除了一些不显著的自变量，如：丈夫的工资收入等。

　　方程3在方程2的基础上新增了丈夫非工资收入、妻子非工资收入、教育程度、小孩数与时期的交叉项，交叉项反映的是不同时期各自变量系数的差异。回归结果有如下显示。

　　（1）丈夫非工资收入与女性劳动参与概率负相关，但是无论在第二期还是第三期，丈夫非工资收入对女性劳动参与概率的作用都随着时间推移而有所减弱。其表现形式为丈夫非工资收入与时期的交叉项为正，且显著，部分抵消了丈夫非工资收入在第一期中对女性劳动参与率的负的作用。这说明虽然现实社会中表面现象是越来越多的人支持"男主外女主内"的家庭分工模式，但是就女性微观个体的劳动供给决策而言，这种模式并没有随着时间推移而得到强化。考虑到市场化改革对我国婚姻家庭带来的冲击，妻子劳动供给行为并没有更多地考虑到丈夫收入因素这一现象并不奇怪。婚姻家庭稳定性的下降促使女性考虑的更多的是自身未来收入的可靠性，如果妻子仅仅考虑到家庭目前的分工收益而退出劳动力市场进行专业化的家庭生产，那么她们就必须面临未来更多的人力资本贬值，一旦婚姻出现危机，家庭内的分工合作关系开始瓦解，她们将很难再从劳动力市场上寻找到一份合适的工作，未来的生活也就失去了保障。因此虽然随着经济转型中个体劳动供给决策开始具有更多的自主性，家庭可以依据夫妻双方的比较优势进行分工，传统的"男主外女主内"的家庭分工模式在一定程度上发挥着作用，但是这种模式并没有随着改革的推进而得到强化。

　　（2）不同的教育层次对女性劳动供给的影响也不尽相同。高中和高中以上教育程度的女性在劳动参与概率方面的差距并没有随着时间推移而扩大。与此相对应的，是高中以下文化程度者。初中和小学文化程度的女性劳动参与率要明显低于高中文化程度者，该差距正随着时间推移而不断加大，并且不同文化程度的女性劳动参与率差距加大的趋势在统计上非常显著。比方说，第三期和小学的交叉项系数值为 -0.0982，这意味着在其他条件都相同的情况下，小学和高中文化程度的女性劳动参与率差距在第三期要比第一期加大9.82个百分点，并且加大的趋势十分显著。教育层次对女性劳动供给作用的非匀质性表明，以高中层次（包括了职高、中专和技校）为界限，高中以下文化程度的女性，其进入劳动力市场的行为将越来越多地受到来自于自身人力资本存量的制约。换而言之，在女性的劳动参与决策中，教育"门槛"的作用越来越凸显出来。

人力资本对女性劳动参与决策的影响力度越来越大。可能的原因有三。其一，随着改革的深入，我国的教育投资回报率在逐渐提高①，教育对女性潜在市场工资水平的影响也逐渐加大，改革前的收入分配过度强调"平均主义"，各级教育之间的收入差距没有拉开，而经济转型中收入分配的改革使人力资本的回报逐渐能通过不同教育之间的收入差距反映出来；其二，正如本章第一节所述，随着劳动供给决策从非自主劳动供给向自主劳动供给的转化，劳动供给的工资弹性和收入弹性都逐渐加大，于是人力资本存量所决定的潜在市场工资水平也就对女性劳动供给决策产生了更大程度的影响；其三，市场化改革给我国婚姻家庭带来冲击的同时，强化了女性的个体独立意识，女性在进行劳动供给决策时，越来越多地考虑自身的特征，而不是家庭因素。

教育对女性劳动参与率的作用变动的阶段性特征也表现得非常明显。比较初中与第二期，以及初中与第三期的交叉项，发现后者系数的绝对值要比前者大得多，对这两项作是否相等的 Wald 检验，结果非常显著。这表明，不同教育程度的女性的劳动参与率差距在不断加大，而该加大趋势主要表现在第三期。小学教育程度对女性劳动参与率的作用变动有着类似的特征。

（3）在第二期中，小孩对女性劳动参与的负的作用并没有加大，第二期和0—5岁小孩人数的交叉项，以及第二期和6—11岁小孩的交叉项都不显著。而第二期和12—18岁小孩的交叉项则为正，且显著。表明11岁以下小孩对母亲劳动供给的影响在第二期中没有太多变化，而12—18岁年龄段的小孩在分担家务、减轻母亲负担，从而使母亲能提供更多市场劳动方面的作用有所增加。

第三期中的情况则截然不同。照顾小孩在第三期中要比在第一期中对女性劳动供给发挥更大的抑制作用。例如，第三期和0—5岁、6—11岁孩子数的交叉项系数分别为 - 0.0434 和 - 0.0462，且均显著，表示与第一期相比，第三期每增加一个0—5岁或6—11岁的小孩，女性劳动参与概率将多降低4—5个百分点。更重要的是，12—18岁小孩与第三期的负的交叉项绝对值超出了第一期12—18岁小孩的正的系数，于是表现为

① Z. Liu, "Earnings, Education, and Economic Reforms in Urban China", *Economic Development and Cultural Change*, 1998, 46: 697—725.

12—18岁小孩人数的作用从第一期的正向推动作用变成了第三期中逆向阻碍作用，这种变动在统计上也非常显著。小孩人数对女性劳动供给作用的强化，原因在于：计划经济条件下，政府为了方便妇女走向社会，往往通过各种手段，如收费廉价的托儿所等，减轻妇女的家庭负担。而市场化的改革中政府的这些措施也随之逐渐弱化，受利益驱动的企业也开始不愿意承担妇女保护的额外成本。家庭通过托儿所、幼儿园等方式照顾小孩的成本越来越高，这些都造成了妇女市场劳动机会成本的提高，从而极大地影响了女性的劳动参与行为。于是验证了本书在第四章所述，虽然家务劳动的市场化有可能减轻女性在家庭工作与市场工作之间的角色冲突，但是家政服务价格的提升却加大了市场劳动与家务劳动之间的替代成本。此外，值得一提的是，虽然我国经济转型中小孩数对母亲劳动参与的影响开始变大，但是与国外相比，影响的力度仍非常小。

综合以上因素，经济转型对女性劳动供给行为的影响是复杂的。一方面，经济社会现象的复杂性，使就业体制转轨所带来的劳动供给主体行为变化并没有完全表现为所有经济变量影响力度都加大。虽然与预期相一致的是，教育和小孩人数对女性劳动参与决策的作用正随着改革的推进而变得越来越突出，但是与预期不一致的是，丈夫的非工资收入并没有随改革的推进而对女性劳动参与决策发挥着较改革前更大的作用。传统的"男主外女主内"的家庭分工模式并没有随着改革的深入而得到强化。以婚姻稳定性下降为特征的社会转型，将导致女性独立意识的提高，使劳动参与决策越来越多地取决于自身的人力资本存量，而不是丈夫的收入状况。这就部分地抵消了经济转型对强化家庭内部分工的作用。另一方面，劳动供给主体行为的变化也表现出了一定的阶段性特征。教育和小孩人数影响作用的加强主要表现在第三阶段中。

第三节　劳动供给主体行为的变动与劳动供给量的变动

劳动供给主体行为的变动与劳动供给量的变动是两个完全不同的概念。劳动供给主体行为的变动表现为劳动供给函数的变动，即劳动供给函数中系数发生了改变（The coeffient effect）；而劳动供给量的变动表现为劳动供给函数保持不变的同时，劳动供给函数中自变量的大小发生了改变

(The variable effect)。

经济转型不仅改变了女性劳动力的可观测特征，也同时改变了女性劳动供给主体的行为方式。本章上一节中对女性劳动供给行为方式的改变加以验证，那么这一行为方式的改变，能否解释经济转型中女性劳动参与率的大幅下降呢？在女性劳动参与率的下降中，劳动供给行为的变动与劳动供给量的变动，何者的作用更大？对此本章提出的假说是：

假说 2：劳动供给函数的系数变动，也就是劳动供给行为的改变是导致经济转型中女性劳动参与率下降的主要动因。

一、横截面数据与时间序列数据的矛盾

自从 1978 年开始经济体制改革以来，我国从计划经济逐步走向市场导向的经济。随之而来的是女性劳动参与率（FLFPR）的明显下降。1988—2002 年间我国城镇 16 岁以上女性的劳动参与率从 78.64% 下降到了 64.4%，15 年间共下降了 14.24 个百分点（见图 3 - 3）。

本书在第五章中利用了 2002 年的横截面数据对我国女性劳动参与率影响因素进行了实证分析，根据该分析结果，我国女性劳动参与概率与女性个人的工资水平正相关；与本人非工资收入、丈夫的非工资收入以及小孩人数负相关；教育通过提高工资水平而增加了女性参与市场劳动的概率，通过提高保留工资水平增加了女性退出劳动力市场的概率，其中前者的作用更为突出；女性劳动参与概率随年龄增长而呈现出先增后减的态势。

根据横截面数据的分析结论，以及我国女性劳动参与率多年的变动趋势，人们很容易得出这样一个结论：经济转型导致了女性在劳动力市场地位的相对弱化，当家庭中丈夫和妻子的潜在工资水平差距加大时，市场工资较高的一方（通常是丈夫）将更多从事市场劳动，而市场工资较低的一方（通常是妻子）将更多地从事家庭生产，最极端的情况就是妇女退出劳动力市场，回归家庭。女性更多地退出劳动力市场，是家庭自主分工的理性选择。许多"妇女回家论"的倡导者所持的正是这样的观点，并认为家庭双方的完全分工有利于提高家庭的分工效率。

然而，如果对比女性教育、工资收入、家庭收入在长时间的变动情况，可以发现，利用横截面数据得出的结论并不能直接应用于对时间序列变动趋势的分析。事实上，女性受教育水平在经济转型中不断得到提升，

教育所反映的人力资本存量与男性差距并没有加大；生育率不断下降，女性所承担的家庭责任不断减轻；此外，女性劳动参与率下降最快的并没有发生在丈夫收入最高的家庭中。于是教育、生育率、丈夫收入对女性劳动参与决策的作用在时间序列的数据中表现出了与横截面数据中不同的特征：女性劳动参与率正随着女性受教育程度的提高、生育率的下降而下降；即使是不断提高的丈夫收入也同样不能解释女性劳动参与率的变动趋势。

第一，虽然横截面的数据显示，教育与女性劳动参与概率显著正相关，但是时间序列的数据却显示，我国女性劳动参与率却随着女性受教育程度的提高而不断下降。即使在计算劳动参与率时将学生群体排除在样本之外后也是如此。

随着义务教育的普及和高校的扩招，我国女性受教育程度正不断提高。首先，女性受教育的平均年限得到了提高，第三期中女性平均受教育年数为 11.05 年，比第一期增加了 1.19 年。其次受过高等教育的女性所占比重大幅提高，大专及以上文化程度的女性在全部样本中所占比重由第一期的 7.96% 提高到了第三期的 17.24%，15 年内提高了 9.28 个百分点；对比之下，小学文化程度的女性所占比重在这 15 年内则下降了 9.86 个百分点（见表 7-1）。那么为什么教育与女性劳动参与率的关系，在横截面数据中和在时间序列数据中会表现出不同的特征呢？

第二，虽然在横截面的数据中工资增长的替代效应超出了收入效应，总工资弹性为正，工资水平与女性劳动参与概率正相关，但是时间序列的数据却显示，不断提高工资水平并没有起到吸引更多女性参与市场劳动的作用。如表 7-1 所示，经调整后的女性平均真实工资水平随着经济体制的改革和经济的发展而不断提高，从第一期的 1576 元提高到了第三期的 3313 元。那么是什么因素导致了女性劳动参与率在女性工资水平提高的同时而不断下降呢？

第三，虽然整体上看，丈夫的收入增长与女性劳动参与概率在时间序列中也呈现出与横截面数据中类似的负相关关系。如表 7-1 所示，男性工资收入和非工资收入在经济转型的过程中不断提高。整体的数据支持丈夫收入提高将降低妻子的劳动参与概率这一假说。然而如果根据家庭经济情况对家庭进行分组，却可以发现结构性的数据并不支持这一观点。

为了对女性劳动参与率和性别工资差距变动的结构进行分析，本章沿用了 Juhn 和 Murphy（1997）的方法①，根据丈夫的总收入水平（包括工资收入和非工资收入）对家庭经济情况进行了分组。其中丈夫总收入在男性收入分布曲线最下端 20% 的家庭被定义为低配偶收入家庭；丈夫总收入水平处于 40%—60% 之间的属于中等配偶收入家庭；处于最上端 20% 的则为高配偶收入家庭。随后对不同组的家庭收入以及女性劳动参与率的变动进行了对比。表 7 - 4 的 A 栏描述了 1988—1995 年和 1995—2002 年期间丈夫和妻子劳动参与率的变动；B 栏描述了这两个时期丈夫和妻子收入对数值的变动。

表 7 - 4   家庭收入分组后丈夫和妻子劳动参与率以及收入的相对变动

家庭经济情况	丈夫		妻子	
	1988—1995 年	1995—2002 年	1988—1995 年	1995—2002 年
A：劳动参与率的变动				
低配偶收入家庭	- 1. 71	- 0. 54	- 0. 77	- 14. 66
中等配偶收入家庭	4. 88	- 2. 66	4. 68	- 9. 62
高配偶收入家庭	- 0. 21	- 0. 89	1. 60	- 5. 23
所有家庭	- 0. 38	- 2. 62	0. 89	- 14. 30
B：收入取对数值后的变动				
低配偶收入家庭	0. 28	0. 13	0. 37	0. 23
中等配偶收入家庭	0. 50	0. 43	0. 44	0. 26
高配偶收入家庭	0. 84	0. 48	0. 75	0. 28
所有家庭	0. 55	0. 39	0. 49	0. 26

通过对比分析妻子劳动参与率与丈夫收入对数值的变动，可以发现一个有趣的现象。虽然从表 7 - 1 中表现出来的是，妻子的劳动参与率随着丈夫的收入的提高而降低，但是结构性的数据却并不支持这一观点。丈夫收入增加越快，并不意味着妻子的劳动参与率下降速度也会越快。同样，丈夫收入增长幅度越大也并不意味着妻子劳动参与率下降的幅度也会越大。

首先，从时间序列上看，1988—1995 年间丈夫收入迅速提高，增长

---

① Chinhui Juhn and Kevin, M. Murphy, "Wage Inequality and Family Labor Supply", *Journal of Labor Economics*, 1997, 15（1）：72—97.

了 50 多个百分点，同期妻子的劳动参与率没有下降，反而提高了将近 1
个百分点；对比之下，1995—2002 年丈夫收入增速放慢，从 0.55 降为了
0.39，而妻子的劳动参与率却在这一时期加速下降，减少了约 14.3 个百
分点。

其次，从横截面的数据看，无论是哪一阶段，丈夫收入的提高主要发
生在高配偶收入家庭中，低配偶收入家庭中丈夫的收入仅略微有所增长。
例如，高配偶收入家庭中丈夫的收入在两个阶段分别增长了 84% 和 48%，
而低配偶收入家庭中丈夫的收入在两个阶段仅仅分别增长了 28% 和 13%。
妻子劳动参与率变动结构却刚好相反。两个阶段中妻子劳动参与率下降最
多的都是低配偶收入家庭。例如，第一阶段中妻子的劳动参与率在低配偶
收入家庭中下降了 0.77 个百分点，在高配偶收入家庭中却上升了 1.6 个
百分点；第二阶段中妻子的劳动参与率在低收入家庭和高收入家庭中分别
下降了 14.66 和 5.23 个百分点。总之，结构性的数据显示，丈夫的收入
变动也不能充分解释妻子劳动参与率的变动趋势。

最后，从生育率看，由于生育要求妇女在黄金年龄有一段时间必须放
弃市场劳动退回家庭，因此可以预期的是生育率的下降带来的应该是女性
劳动参与率的上升。国外女性劳动参与率的上升很大程度上都是由于这个
因素造成的[1]。然而我国的现实情况并不是如此。虽然我国宏观层面上的
出生率一直在不断下降（参见图 4-4），微观层面上家庭中的小孩人数一
直在不断减少（参见表 7-1），但是女性参与市场劳动的概率并没有由于
承担的生育哺乳行为减少而有所增加。

总之，无论从教育程度、工资水平、家庭收入水平，还是从出生率的
下降上看，促使我国女性参与市场劳动的诸多因素都随着经济转型的推进
而得到了强化。虽然在横截面的数据中，用这些变量能够很好地对女性劳
动参与行为加以解释，但是横截面数据中得出的结论却无法解释女性劳动
参与率在多年来的变动。那么为什么横截面数据和时间序列数据会出现矛
盾呢？究竟是什么因素导致了女性劳动参与率在经济转型中的长期下降趋
势呢？

---

① Angrist, Joshua, "How Do Sex Ratios Affect Marriage and Labor Markets? Evidence from
American's Second Generation", *Quarterly Journal of Economics*, 2002, 117: 997—1038.

二、模型方法

要对假说 2 进行检验，必须将劳动参与率的变动进行分解，区分出劳动供给行为的变动和变量的变动。本书在分析中借鉴了 Blinder 和 Oaxaca（1973）的方法（Blinder-Oaxaca 分解法）①②。与 Blinder 等研究不同的是他们将该分解法用于对工资差异的分解，目的是分清楚工资差异中多少是由于可观测的特征（如：教育、工作经验和家庭特征等）中所存在的差异造成的，而多少又是由劳动力市场对不同个体相同特征的不同回报而造成的，其中后者也就是工资歧视。本书则将该方法用于对女性劳动参与率的分解，目的是研究我国经济转型中女性劳动力自身特征的变动，以及劳动供给函数的变动对女性劳动参与率变动的贡献分别是多少。

应用（1）式回归方程，分别对第一期和第三期的数据进行回归，可以得到这两期的回归结果，然后对两组估计结果相减，并用 Blinder-Oaxaca 分解法加以分解，得到：

$$\bar{P}^3 - \bar{P}^1 = (\bar{x}_i^{\,3} - \bar{x}_i^{\,1})\beta^3 + \bar{x}_i^{\,1}(\beta^3 - \beta^1) \qquad (2)$$

$\bar{P}^3$ 与 $\bar{P}^1$ 分别表示女性在第三期（1998—2002 年）和第一期（1988—1992 年）参与社会劳动的平均概率。方程右边第一项为在劳动供给函数的系数没有发生变动的情况下，仅仅由于女性工资、教育、收入、小孩数等可观测特征变动而导致女性平均劳动参与概率的变动；右边第二项为系数变动导致的未能解释的变动，即假定在女性可观测特征没有发生改变的情况下，由于劳动供给函数系数的变动而导致的女性劳动参与概率的变动。

三、女性劳动参与率变动的 Blinder-Oaxaca 分解

经济转型中女性劳动供给行为的变动原因是复杂的，不仅收入、教育等可观测变量的变动会造成女性劳动参与概率的改变，劳动供给函数的变动也会影响女性劳动参与决策。那么我国经济转型中女性劳动参与率的变

---

① Blinder, A. S., "Wage Discrimination: Reduced Form and Structural Variables", *Journal of Human Resources*, 1973, 8: 436—455.

② Oaxaca, R., "Male-Female Wage Differentials in Urban Labor Markets", *International Economic Review*, 1973, 14: 693—709.

动，究竟多少是由于变量的变动引起的，多少又是由于系数的改变造成的呢？对经济转型不同时期劳动参与方程的回归结果，以及 Blinder-Oaxaca 分解法为解决这一问题提供了可行的途径。

表 7 - 5 为女性劳动参与率变动的 Blinder-Oaxaca 分解结果。从整体上看，变量的变动不能解释女性劳动参与率多年下降趋势，我国女性劳动参与率在经济转型中持续的下降趋势是由劳动供给函数系数的改变造成的。

第一，教育对女性劳动参与行为的作用主要体现为教育系数发生了改变。尤其是初中和小学教育，其系数的变动对女性劳动参与率造成了巨大的负面影响。虽然经济转型中女性受教育程度不断提高，这应该是促使女性劳动参与率提高的因素。但是相对于高中而言，教育不足（初中和小学教育）对限制女性参与劳动方面的作用却也随经济转型而同时加大。经济转型前，在统包统分的就业体制下，政府保证每一个人的就业权利和相对平均的工资，于是即使是受教育程度较低的女性也能较大规模地参与社会劳动，并获得和其他教育程度者相差不大的工资。经济转型中虽然受教育程度较低的女性所占比重大幅下降，但是在失去了政府的行政保护后，这部分人获得工作的难度加大，即使获得了工作，所能得到的工资水平也相对降低，预期工资的下降导致这部分劳动者只好选择退出劳动力市场，劳动参与概率以更快的速度下降。总之，女性劳动参与决策越来越取决于其所受教育。劳动力市场中有效需求不足与行政性保护的削弱抑制较低文化程度的女性参与劳动的作用，超过了教育扩张导致低文化程度者比重下降的作用（前者解释了女性劳动参与率在前后两期 4.83 个百分点的降低，而后者将导致女性劳动参与率提高 4.33 个百分点）。于是就出现了横截面数据中教育与女性劳动供给正相关，而时间序列中女性劳动参与率随教育增长而下降的奇怪现象。此外，女性劳动参与率的下降之所以主要发生在较低文化程度组中，也与这部分女性劳动参与方程中教育系数的变动最大有关。

表 7 - 5　女性劳动参与率变动的 Blinder-Oaxaca 分解

	$(\bar{x}_i^3 - \bar{x}_i^1) \beta^3$	百分比	$\bar{x}_i^1 (\beta^3 - \beta^1)$	百分比
常数项			0.0413	- 68.6082
妻子非工资收入/1000	- 0.0375	62.2791	0.0112	- 18.5710
丈夫非工资收入/1000	- 0.0040	6.6965	0.0059	- 9.7640
年龄	- 0.0450	74.6783	- 0.0188	31.2142

续表

	$(\bar{x}_i^3 - \bar{x}_i^1)\beta^3$	百分比	$\bar{x}_i^{1'}(\beta^3 - \beta^1)$	百分比
教育	0.0433	-71.8762	-0.0483	80.3155
大专及以上	0.0034	-5.5912	-0.0004	0.6399
初中	0.0015	-2.4626	-0.0278	46.1687
小学	0.0271	-44.9470	-0.0187	31.0842
小学以下	0.0114	-18.8753	-0.0015	2.4227
小孩数	0.0281	-46.6172	-0.0368	61.0911
0—5 岁小孩数	0.0249	-41.3544	-0.0183	30.4103
6—11 岁小孩数	0.0112	-18.5490	-0.0197	32.6492
12—18 岁小孩数	-0.0080	13.2862	0.0012	-1.9684
地区男性失业率	-0.0035	5.8272	0.0040	-6.6654
总和	-0.0187	30.9877	-0.0498	69.0123

注：（1）此处百分比是指，自变量或者系数的改变所造成的女性劳动参与率变动占第一期到第三期女性劳动参与率变动的百分比。（2）教育对女性劳动参与率的影响及其百分比为各级教育（大专及以上、初中、小学、小学以下）相应指标的加总。（3）小孩数对女性劳动参与率的影响及其百分比为各年龄段（0—5 岁、6—11 岁、12—18 岁）小孩数相应指标的加总。

第二，小孩数变量系数的变动也造成了女性劳动参与率的大幅下降。在经济转型中，虽然随着生育率的下降，家中小孩人数不断下降，但是转型中女性劳动供给决策却越来越多地受到家庭中小孩的制约。根据表 7 - 5 的计算结果，所生育小孩人数的减少导致了女性劳动参与率在这两期中提高 2.81 个百分点，但是小孩负面影响作用的加大，也就是母亲在孩子身上所花精力的增多，却造成了女性劳动参与率 3.68 个百分点的下降，后者超出了前者。于是表现出经济转型中家庭规模缩小与女性劳动参与率下降同时发生的现象。

第三，从丈夫非工资收入的作用上看，虽然丈夫非工资收入的提高造成了女性劳动参与率在一定程度上的下降，即丈夫非工资收入的提高解释了女性劳动参与率下降的 6.7%，但是与此同时发生的却是丈夫非工资收入对女性参与作用的逐年下降。两种作用方向相反。综合两个方向的作用，可以发现，丈夫非工资收入并不能解释女性劳动参与率的下降。

此外，妻子非工资收入和年龄对女性劳动参与率的影响作用主要体现为变量本身的变动上。妻子非工资收入的提高以及人口老龄化都在一定程度上解释了女性劳动参与率的下降。

　　总之，诸多因素同时对女性劳动参与决策发生作用，其作用大小、影响方向都不尽相同。从整体上看，各经济变量本身的变动共解释了前后两期中女性劳动参与率下降的31%；而女性劳动供给行为的改变则解释了女性劳动参与率下降的69%。可见，经济转型中劳动供给行为的改变是导致女性劳动参与率下降的主要原因。

第四节　本章小结

　　我国的女性劳动参与率在经济转型中发生了明显的下降。基于横截面数据的分析结论却不能解释女性劳动参与率的长时期变动趋势。工资水平和教育水平的提高、生育率的降低都没有对女性劳动参与率起到应有作用。表面上看起来，女性劳动参与率的下降与性别工资差距的加大、丈夫收入的提高有关。但是结构性的数据却表明，已婚妇女劳动参与率下降最大的家庭并不是丈夫收入增长最快的家庭，并且已婚妇女劳动参与率下降最快的时期也并不是丈夫收入增长最快的时期。这说明丈夫收入的变动也同样不能充分解释女性劳动参与率的变动。

　　是什么因素造成了女性劳动参与决策中横截面数据与时间序列数据的矛盾呢？本章通过分析就业体制与劳动供给的内在联系，提出了两个假说：其一，经济转型中女性劳动供给的行为模式发生了变动；其二，女性劳动供给行为模式的变动是造成经济转型中女性劳动参与率下降的主要原因。随后利用1988—2002年的混合横截面数据对经济转型不同时期的女性劳动参与方程进行回归，并利用Blinder-Oaxaca分解法对转型前后女性劳动参与率的变动进行了分解，以期对以上两个假说加以验证。

　　实证研究结果说明，随着劳动力资源配置的市场化程度日益提高，人们的劳动供给行为的确发生了很大改变，"经济理性"在劳动参与决策中的作用日益凸显出来，已婚妇女的劳动参与决策正越来越多地取决于自身的人力资本存量以及家中的小孩人数。对高中以下文化程度的女性而言更是如此。随着政府行政保护的减弱，低教育程度对女性劳动参与的制约作用日益增大。于是较低教育程度的女性历经了所有女性群体中最大幅度的劳动参与率的下降。此外，丈夫收入对女性劳动参与决策的作用正逐渐减弱，抵消了丈夫收入增长对降低女性劳动参与概率的作用。文章的另一个发现是，女性劳动供给行为的改变具有阶段性的特征，主要的变动发生在经济转型的后期。综合以上因素，女性劳动参与率的下降主要发生在较低文化程度组中，而她们的劳动参与率之所以下降，并不是由于有足够的家庭收入作为经济来源，而是就业的现实困难导致了她们丧失信心，只好成为"失望的工人"而退出劳动力市场。因此，与其说我国女性劳动参与率的下降是性别工资差距加大从而导致家庭重新分工的自主选择，不如说是严峻的就业形式所迫。

第八章

结论及政策建议

第一节　结　论

众所周知，任何国家和地区在一定时期内的宏观经济总量是由微观经济个量构成的，而微观经济个量又是微观经济主体的直接行为后果。所以可以说，微观经济个量将制约整个宏观经济的运行。就居民的经济行为而言，居民的劳动力供给决策与行为制约着劳动力市场的运行。因此只有理解了居民微观个体的劳动供给决策，才能切实理解劳动力市场上的各种现象。

我国目前劳动力市场上一个引人注目的现象是，女性劳动参与率在经济转型的过程中出现了持续的下降趋势。我国女性劳动参与率的下降趋势与过去计划经济时期所极力倡导的"妇女半边天"格格不入，同时也与西方发达国家女性劳动参与率的持续上升形成了鲜明对比。

我国女性越来越多地退出劳动力市场，这一现象已经引起了理论界的重视，并引发了一场关于妇女该不该回家的争论。支持者认为在就业高峰到来之际，启用"家庭缓冲器"，吸纳从劳动力市场上退下来的冗员，有利于缓解就业压力。反对者则认为妇女回家有悖于妇女解放的潮流。本书认为，对劳动参与与否的选择是女性的个人行为。任何经济政策都不能强迫女性选择政策制定者们所认为的合理的行为模式。女性劳动参与率长时期的下降趋势，背后有着深刻的经济动因。那么是什么因素导致了女性在经济转型中越来越多地退出劳动力市场呢？妇女回家是否反映了她们自愿的选择呢？

西方国家对女性劳动供给的大量研究成果为分析我国女性劳动供给行为及其变动提供了理论和实证工具。通过使用1988—2002年的微观数据，本书对我国经济转型中城镇女性劳动参与的决定因素及其变动进行了系统研究。本书的研究结论包括：

第一，我国女性劳动供给的收入弹性为负，补偿性和非补偿性的工资弹性均为正。这验证了传统劳动供给理论中闲暇是正常商品等经典假设。

第二，我国女性劳动参与对工资和收入变量变动的弹性值都不大。这与过去计划经济体制下居民经济行为在很大程度上受国家制约有关。虽然我国已经实行了市场化的改革，但是计划经济的残留痕迹仍在，市场的不完全性在一定程度上仍影响着微观个体的劳动供给决策，因而我国女性劳动供给行为表现为并不是完全依据工资、收入等经济变量来进行自主决定。

第三，在西方国家最广为应用的家庭劳动供给的共同偏好模型，其假设前提在我国有小孩的家庭中得到了验证。虽然在无小孩的家庭中，来源于妻子的非工资收入会比来源于丈夫的非工资收入对女性劳动参与产生更大的影响，婚姻家庭的不稳定性加强的确影响了这一部分家庭内部的分工合作，但是就有小孩的家庭而言，婚姻的内聚力和稳定性仍较大，因而稳定的单一家庭效用函数仍得以维系。

第四，在劳动力市场上，女性比男性面临更严峻的就业形式。失望工人效应在男女劳动力群体中都存在，并且在女性群体中更为显著。即使其他条件都相同的情况下，女性也要比男性更容易受到劳动力市场供需态势的冲击而失业。较高文化程度的劳动者其劳动力市场状况的性别差异并不显著，而最低教育程度的劳动者在寻找工作时所能获得的工作机会存在最大的性别差异。此外小孩和婚姻都对女性劳动供给造成了较男性更大的影响。这些都使女性比男性更容易退出劳动力市场。

第五，随着劳动力资源配置的市场化程度日益提高，人们的劳动供给行为发生了很大改变，"经济理性"在劳动参与决策中的作用日益凸显出来，已婚妇女的劳动参与决策正越来越多地取决于自身的人力资本存量以及家中的小孩人数，而丈夫收入对女性劳动参与决策的作用正日益减弱。与其说我国女性劳动参与率的下降是性别工资差距扩大从而导致家庭重新分工的自主选择，不如说是严峻的就业形式所迫。

第二节　政策建议

妇女回家论的支持者们应该看到，目前我国女性大规模"回家"的条件并不成熟。虽然目前已经出现了女性劳动参与率大幅下降的现象，但是女性退出劳动力市场却并不出于自愿的选择。在一些发达国家，慷慨的社会福利水平以及较高的丈夫收入，这些常常是导致女性自愿退出劳动力市场的原因。而我国这两个条件都不成熟。

从社会福利水平上看，我国目前的社会保障水平并不高。在享受城镇最低生活保障的家庭中，62%的家庭每个月仅得到100元以下的补贴，30%得到的补贴在100—200元之间，得到200元以上补贴的只占8%。下岗基本生活补贴、失业保险金和养老保险金的支付水平也都很低，仅能用于维持基本生活需要。相关调查数据也显示，离开工作岗位的职工中，男性的62.7%和女性的69.8%所依靠的收入来源于家庭储蓄和其他家庭成员的收入，得到的社会保障支持很少[1]。可见，现有的社会保障水平并不支持女性退出劳动力市场，回归家庭。

从丈夫收入水平上看，丈夫收入水平的提高也没有对女性退出劳动力市场的决策起到促进作用。部分丈夫收入较高的家庭中，虽然妻子具备了"回家"的经济条件，但是这部分女性的教育程度和收入水平也通常较高，她们的劳动参与率非常高，并且几乎没有出现下降的趋势。丈夫收入水平较低的家庭中，虽然妻子"回家"的经济条件并不十分成熟，但是这部分家庭中妻子的教育程度和收入水平也通常较低，就业的现实困难导致了这部分女性历经了失业率最大幅度的上升以及劳动参与率最大幅度的下降。相关调查也显示，除了60岁及以上年龄组外，就其他劳动年龄段的劳动者而言，不工作往往降低了他们的生活水平，对生活的不满意程度都不断加大。

由此可见，目前我国女性劳动参与率的大规模持续下降并不是出于女性自愿的选择。如果不顾现实情况，就一味地倡导"妇女回家"，将损害女性的经济福利，使女性更容易沦为经济转型中的弱势群体。

此外，我国已经进入了低生育阶段，劳动年龄人口比重高，人口生产性强，社会储蓄率高，社会追加的人口生产性能够为经济增长贡献一个具有促进作用的"人口红利"，如果能够对这种人口红利加以充分利用，经

---

[1]　蔡昉、王美艳：《非正规就业与劳动力市场发育——解读中国城镇就业增长》，《经济学动态》2004年第2期。

济增长就能获得一个额外的源泉，创造经济增长奇迹①。然而我国的现实情况却是，大量"失望的工人"，尤其是女性劳动力，退出劳动力市场，大量人力资源被闲置了起来，无法为经济增长作出贡献。只有在劳动供给的高峰期间实现就业的最大化，才有机会创造新的增长源泉。

为此本书认为，缓解就业压力的根本思路不能从减少劳动供给的角度出发，而是要从增加劳动力需求、改善劳动供给方面着手，实行积极的就业促进政策。相关的政策建议如下。

一、增加就业机会

女性越来越多地退出劳动力市场，一个很重要的原因是社会没有为女性提供足够多的就业机会。如果能增加劳动力需求，扩大就业机会，女性失业问题以及由此带来的"失望工人效应"将随之得到缓解。具体措施如下。

第一，要在加快发展第二产业的基础上，大力发展就业弹性系数高的第三产业，尤其是服务业，吸纳更多的劳动力就业。据国家统计局测算，20世纪90年代，我国第二产业增加值每增长一个百分点，平均增加就业岗位仅仅17个，而第三产业增加值每增长一个百分点，平均增加就业岗位达到了85个。第三产业吸纳就业的能力远远大于第二产业。然而我国目前的现实却是，第三产业的发展极其落后。一般来说，发展中国家第三产业的就业比重为40%左右，发达国家为70%左右，而我国第三产业的比重却还不到30%。第三产业在我国具有巨大的发展潜力。大力发展第三产业，对于缓解我国就业压力，尤其是女性就业压力，具有重要意义。

第二，开发社区就业。社区是指一定区域内有特定生活方式并且具有成员归属感的人群所组成的相对独立的社会共同体。社区就业就是把扩大就业与社区服务相结合，依托社区阵地，发动和组织社会力量开展社会化服务，向社区要岗位，为社区提供服务。社区就业对年龄、教育、技能的要求较低，形式灵活，覆盖面广，为吸纳剩余劳动力提供了广阔的空间。据国际经验，发达国家的社区就业一般占全部就业的20%—30%，发展中国家的社区就业比重一般为12%—18%。而我国目前社区就业远没有

---

① 蔡昉：《中国人口与劳动问题报告 No.4（2003）：转轨中的城市贫困问题》，社会科学文献出版社2003年版。

发展起来，社区就业占全部就业的比重仅为 3.9% 。可见我国社区就业的潜力巨大。大力发展社区服务业，扩大就业机会，是解决女性就业问题的可行途径。

第三，完善劳动力市场的中介服务系统。我国目前的中介服务系统还很不完善。在信息传递中，存在很多信息传导机制不健全，信息传导渠道不畅，信息不全、信息失真等现象，职业培训、职业鉴定、职业指导、职业介绍、社会保障等一条龙服务的多功能体系尚未形成，远远不能满足劳动力市场上供需双方的需要。中介服务体系的不完善，导致工作搜寻成本上升，工作搜寻难度加大，于是加剧了失业者的非经济活动化。因此，在劳动就业服务方面，首先必须改变劳动部门的职业介绍机构与人事部门的人才中心之间，以及与各个街道职业介绍所之间信息封闭、重复与失真的现象，加大信息的真实性和传导的及时性；其次加大信息传导方面的投入，提高服务质量，以提高工作转化与工作搜寻的效率。

二、改善劳动供给

由于女性劳动参与率的下降主要发生在低教育水平的妇女人群中，因此通过教育和培训提高女性的文化素质，将不失为一条提高女性就业能力、降低女性失业或者退出劳动力市场概率的有效方法。从具体措施上看，一方面要发展各级各类普通教育，培养不同层次的后备劳动力；另一方面要通过各种形式的成人教育，对现有劳动力资源进行培训，补充更新她们的知识技能，提高人力资本的层次、质量，在国家的整个教育投资体系和设施得到完善的基础上，争取男女平等的受教育权利，使女性劳动力素质与男性劳动力素质能得到共同提高。政府为企业培训提供资助，也是一条可行途径。此外，由于妇女受教育的私人收益小于其社会收益，家庭决策中对女性人力资本的投资总要小于社会的需要，于是政府有必要提供一定的资源，解决教育领域的外部性问题（蔡昉，2001）。发展中国家的一些做法值得借鉴。斯里兰卡政府为贫困儿童和女童提供了学杂费、入学相关费用，以及与教育相关的成本的补贴券，降低了受教育成本，在提高贫困儿童和女童的入学率、保持率方面收效显著。总之，采取各种措施提高女性受教育水平和文化素质，是扭转当前我国女性就业被动局面的一项重要手段。

政府的创业扶植政策也是解决就业问题的重要方式。以日本为例。日本在支持失业人员创业时，采取了以下方式：（1）降低注册资金，失业人员可以用 1 日元开办公司，以后再逐渐增加注册资金；（2）开业资金贷款，如果失业人员自己创办企业，根据其申请，可以从国有政策性金融机构获得上限为 500 万日元的无担保、无抵押的开业资金贷款；（3）无偿资助，如果失业人员在护理、保育、家居装修、人才派遣等领域创办服务型企业，并在一年内雇用 3 名失业者，将会得到最高 500 万日元的无偿资助。通过税收优惠、信贷支持等方式，可以帮助下岗和失业女性形成再就业的基础条件和启动资金，为女性再就业创造竞争基础和能力。

三、建立有效的生育保险制度

造成女性就业难的一个重要原因是女职工的生育问题。女职工职业生涯中存在着一个中断期，即生育期和哺乳期，而这一阶段的费用、福利和工资却要企业负担，这加大了企业用人成本，进而出现部分企业不愿意雇用女职工的现象。就劳动供给而言，企业对生育费用的承担以及对生育后岗位的保留，将加大女性，尤其是生育前女性的劳动供给。供求的互动导致女性就业问题更加严重。在市场经济条件下，特殊照顾妇女的劳动立法原则已成为一把双刃剑，在保护妇女权益的同时又为妇女实现平等的就业权利设置了障碍。如何在保障妇女生育权益的同时，又不至于降低对女性劳动力的市场需求呢？要解决这一问题，就必须从政策角度制定一些有利于女性竞争的制度，降低女性的雇用成本，提高女性就业的竞争力。1988年 9 月，江苏南通在全国实施了第一个生育补偿方案，此后鞍山市、株洲市相继出台了生育补偿办法的方案。具体做法是女职工生育费用由社会统筹；女职工生育费用由夫妻双方单位共同负担。这样一来，男女的雇用成本趋于一致。在试点的基础上，1994 年劳动部颁发了《企业职工生育保险试行办法》，到目前为止，全国已有半数以上的市县实行了生育费用社会统筹。生育保险制度的改革对于均衡企业负担、减少妇女就业的障碍具有积极作用，但是，推行起来，仍有较大的阻力，原因在于宣传力度不够、资金筹措不落实等。生育保险仍被列到养老、医疗、失业三大主要社会保险之外，在正在抓紧进行的社会保障制度改革中未能得到应有的重视。加大推行妇女生育的社会保险制度已成了当务之急。

与此相关的一个问题是，"妇女阶段性就业"的提出。"妇女阶段性就业"是市场经济的工业化国家中妇女就业的一种平均趋势，妇女在即将生育第一个孩子以前回家休息，抚育小孩，就业率下降，当孩子上学后妇女重新参加社会劳动，就业率上升。就业率一年龄曲线呈 M 形。就我国情况而言，由于我国计划经济时代妇女终身就业的传统，以及计划生育政策下职业生涯中断次数不超出一次，因此我国目前女职工的职业生涯曲线与男性基本相同，产假短暂，工资照发，没有呈现出阶段性就业的特点。然而随着就业矛盾的日益突出，部分学者提出了妇女阶段性就业的主张，目的是一方面缓解就业矛盾，减轻劳动力市场的就业压力；另一方面则是消除角色紧张，提高劳动效率。也有部分企业对此进行了实践，开始对孕期女性"放长假"，延长法定产假，从 56 天延长至 3 年，期间领取一定比例的工资。

姑且不论"放长假"是否有其法律依据，单纯从经济学意义上看，是否能实现其政策的初衷，达到企业和家庭的双赢呢？无论从理论上，还是从实践上看，这一点都是值得怀疑的。从理论上说，产假期限的延长既导致了企业劳动成本的增加，对女性劳动力需求的减少，又同时导致了女性在所说的特殊"阶段"出现之前增加其劳动供给，原因在于产假期间妇女所领取的工资与其之前的工资是成比例的，女性增加产假之间的劳动供给（提前进入劳动力市场、延迟生育年份，从而增加工作年限、延长工作经验），将提高其工资水平，因此产假期限延长的后果将与其初衷相违背，在降低对女性劳动力需求的同时增加了女性劳动力供给，反而加大了女性在劳动力市场上所面临的就业压力。当然企业对女性劳动力需求的减少，也可能反映在女性劳动力工资水平的降低上，这样一来，女性劳动供给量的变动中，既存在着由于替代效用导致的劳动供给量的下降趋势，又存在着前面所说的劳动供给量增加趋势，至于何种趋势更大，则取决于工资下降的程度以及长假的期限。无论是何种情况，产假期限的延长能否起到缓解劳动力供需矛盾的作用，都值得怀疑①②。从经验研究上看，台湾的实践则说明，产假的福利制度对女性劳动供给起到了增加的作用③。目

① Baum, Charles, L., "The Effect of State Maternity Leave Legislation and the 1993 Family and Medical Leave Act on Employment and Wages", 2003, *Labor Economics*, 10：573—596.

② Merz, Monika, "Women's Hours of Market Work in Germany：The Role of Parental Leave", http：//ftp：iza. org/dp1288. pdf.

③ Joseph E. Zveglich, Jr and Yana van der Meulen Rodgers, "The Impact of Protective Measures for Female Workers", *Journal of Labor Economics*, 2003, 21（3）：533—555.

前还没有研究针对我国妇女保护制度对女性就业的影响进行实证分析。但是"长假制度"实施无疑会进一步降低对女性劳动力的需求。必须谨慎对待"妇女阶段性就业"。

四、完善城镇居民最低生活保障制度

从当前形式上看，有必要加大城镇居民最低生活保障制度的覆盖面与覆盖力度。中国城市贫困是 20 世纪 90 年代后期出现的新问题，也被称为"新贫困"①。尤其是自 1995 年城市国有企业的重组和改革，中国城市中出现了大量下岗和失业现象，随之产生的是大量城镇低收入人群，包括失业或下岗职工、身体健康状况较差的人员、残疾而不能工作的人员、家务劳动者、较低文化程度者，以及城市集体企业工人或非正式部门工人、非熟练工人等②。由于女性相对于男性更容易遭遇失业、下岗，或者是成为家务劳动者，并且女性的教育程度相对男性较低，因此女性沦为贫困阶层的概率也要大于男性。从李实对 1999 年统计数据的分析上也可以看出这一点：女性贫困发生率要比男性高出 0.76 个百分点，尤其是 70 岁以上的年龄组中，女性贫困发生率要远大于男性，其中该组人群中，仅 50% 的女性是退休人员并享有退休金待遇，而男性的这一比例则高达 91%。

女性正成为城市贫困人口的一个重要来源。很显然，城市女性贫困人口的增加不利于政治经济的稳定，也不利于维持妇女权益和地位。如何为陷入贫困的女性提供行之有效的扶贫政策、切实保障她们的生活，将是我国社会保障部门以及其他相关部门面临的一个严峻的现实问题。本书以为要完善城市居民最低生活保障制度，必须做到以下两点：第一要做好最低生活保障同下岗职工基本生活保障、失业保险之间的衔接工作，发挥社会保障的综合效益；第二要提高最低生活保障标准，确保低收入居民不会因为物价指数的上升、国家经济政策调整等因素而降低生活水平。

当然，最低生活保障制度仅仅对贫困群体起到了"保底"的作用。这种"输血式"的救助方式并不能从根本上解决贫困问题。我国的经济

---

① Knight and John, "Trends in Poverty, Inequality and the Achievement of International Development Targets in China", *Paper prepared for DFID China Program Retreat*, 2000, 29 June.

② 李实：《20 世纪 90 年代末中国城市贫困的恶化及其原因》，载李实、佐藤宏主编《经济转型的代价——中国城市失业、贫困、收入差距的经验分析》，中国财政经济出版社 2004 年版。

发展水平和收入水平也没有提高到可以"养懒汉"的程度。因此要缓解城镇贫困，最根本的方式还是前文所述扩大就业机会以及改善劳动供给这些积极的就业促进政策。

五、完善劳动就业的统计指标体系

边缘劳动力是劳动调节的重要方式。"失望的工人"人数的增多，意味着在可观测的失业人员外还存在着大量隐蔽的失业。参与率的下降与失业有类似的效果。虽然在就业困难的形式下，失业人员会因为就业机会的减少而丧失信心从而退出劳动力市场，但是一旦就业形式好转后，这部分人员将重新走向劳动力市场，从这一角度来说，失业率实际上是被低估了。当一个新的工作岗位被创造出来以后，失业人数并不能也因此而减少一个。因此政府在计算失业人口时，不仅应包括统计上的没有工作但是正在积极寻找工作的人，还应该包括这部分遭受挫折的劳动者。尤其是女性更是如此，女性失业人口事实上远大于通过传统统计口径而得出的统计数值。因此必须尽快完善劳动就业的统计指标体系，使"失望的工人"也能尽快进入政策制定者的视野范围内。

第三节　研究展望

在过去的近30年里，中国经历了一场波澜壮阔的从计划经济体制向社会主义市场经济体制转变的改革。经济体制的改革，使中国微观经济主体的经济行为发生了并继续经历着巨大的历史性变化。面对极其复杂的并且不断变动的情况，本书仅是对经济转型和社会转型背景下的女性劳动参与问题作出了初步的探讨和尝试，还很不全面和深入。在本书第一章的研究局限性部分中指出了部分需要进一步研究的问题，包括女性劳动供给决策中生育的内生性问题、教育的作用方式问题、相关政策效果的评价以及政策的可行性问题等。此外，还有其他一些非常有意义的课题值得进一步深入研究。

第一，动态劳动供给模型的引入。养老保险、医疗保险、教育体制的改革都使人们对未来收入和支出的预期发生了重大改变。如果能将医疗、住房、税收、福利以及其他社会保障制度变迁对女性生命周期内劳动供给行为的影响都纳入动态的女性劳动供给模型中，研究将更为全面。

第二，工作异质性对劳动供给决策的影响。本书在研究中假定多种用途的劳动供给是同质的（Homogenous）。但劳动配置到不同类型的工作领域时它们对工作报酬的要求是不同的，辛苦危险的行业和职业对应着更高的保留工资。而在家办公等工作形式则兼顾了工作和家庭工作需要，可能对应了更低的保留工资。引入工作的异质性，有助于对女性劳动供给的长期变动趋势进行更深入的分析。

第三，区域差异和文化价值差异无疑是影响女性劳动参与的重要因素。如何解释这两种差异对女性劳动参与的影响作用，是今后研究的重点课题之一。

总之，随着劳动力市场体制的建立和不断完善，新的问题和新的挑战不断出现。要提高劳动力资源配置的效率，促进经济高速发展，不仅有赖于宏观调控体系的完善，也有赖于微观经济基础的塑造。对于这一问题，需要理论和实证上的孜孜探索。

参 考 文 献

［1］Afriat, S. , "The Construction of Utility Functions from Expenditure Data", *International Economic Review*, 1967, 8: 67—77.

［2］Alderman, Harold and Chiappori, Pierre-Andre and Haddad, Lawrence and Hoddinott, John and Kanbur, Ravi, "Unitary Versus Collective Models of The Household: Is It Time to Shift The Burden of Proof?", *The World Bank Research Observer*, 1995, 10（1）: 1—19.

［3］Altug, S. and Miller, R. A. , "The Effect of Work Experience in Female Wages and Labor Supply", *The Review of Economic Studies*, 1998, 65: 45—85.

［4］Angrist, Joshus, "How Do Sex Ratios Affect Marriage and Labor Markets? Evidence from American's Second Generation", *Quarterly Journal of Economics*, 2002, 117: 997—1038.

［5］Attanasio, Orazio and Berloffa, Gabriella and Blundell, Richard and Preston, Ian, "From Earnings Inequality to Consumption Inequality", *Economic Journal*, 2002, 112: 52—59.

［6］Attanasio, O. P. and T. MaCurdy, "*Interactions in household Labor Supply and Their Implications for the Impact of EITC*", Mimeo, London: Stanford University, 1997.

［7］Barbara Lobodzinska, "Polish Women's Gender-Segregated Education and Employment", *Women's Studies International Forum*, 2000, 23（1）: 49—71.

［8］Baum, Charles, L. , "The Effect of State Maternity Leave Legislation and the 1993 Family and Medical Leave Act on Employment and Wages", 2003, *Labor Economics*, 10: 573—596.

[9] Becker, Gary, S., "A Theory of Social Interactions", *Journal of Political Economy*, 1974, 82 (6): 1063—1093.

[10] Becker, Gary, S., "Altruism, Egoism, and Genetic Fitness: Economics and Sociobiology", *Journal of Economic Literature*, 1976, 14: 817—826.

[11] Bergmann, Barbara, R., "The Economic Risks of Being a Housewife", *American Economic Review*, 1981, 71 (2): 81—86.

[12] Bergstrom, T., "Remarks on Public Goods Theory and the Economics of the Family", unpublished manuscript, Department of Economics, University of Michigan, Ann Arbor, Michigan, 1984.

[13] Bernard Fortin, Guy Lacroix, "A Test of the Unitary and Collective models of Household Labor Supply", *The Economic Journal*, 1997, 107: 933—956.

[14] Blau, Francine, D., "Trends in the Well-Being of American Women, 1970—1985", *Journal of Economic Literature*, 1998, 36 (1): 112—165.

[15] Blinder, A. S., "Wage Discrimination: Reduced Form and Structural Variables", *Journal of Human Resources*, 1973, 8: 436—455.

[16] Blundell, R. and MaCurdy, T., "Labor Supply: a Review of Alternative Approaches", in: Ashenfelter, O. and D. Card (ed.): *Handbook of Labor Economics*, 1999, 3: 1559—1695.

[17] Blundell, R. , Chiappori, P. A., Magnac, T. and Meghir, C., "Collective Labor Supply: Heterogeneity and Nonparticipation", *Review of Economic Studies*, 2007, 74 (2): 417—445.

[18] Bowen, William, G. and Finegan, T. Aldrich, "Labor Force Participation and Unemployment", In *Employment Policy and the Labor Market*, edited by Arthur M. Ross. Berkeley: University of California Press. 1965.

[19] Browning, Martin and Bourguignon, Francois and Chiappori, Pierre-Andre and Lechene, Valerie, "Income and Outcomes: A Structural Model of Intrahousehold Allocation", *Journal of Political Economy*, 1994, 102 (6): 1067—1096.

[20] Burtless, G. and J. Hausman, "The Effect of Taxes on Labor Sup-

ply", *Journal of Political Economy*, 1978, 86: 1103—1130.

[21] Catherine Saget, "The Determinants of Female Labour Supply in Hungary", *Economics of Transition*, 1999, 7 (3): 575—591.

[22] Chase, Robert, "Women's Labor Force Participation During and After Communism: A Case Study of the Czech Republic and Slovakia", http: / ssrn. com/abstract = 121377.

[23] Chengze Simon Fan and Hon-Kwong Lui, "Structural Change and the Narrowing Gender Gap in Wages: Theory and Evidence from Hong Kong", *Labor Economics*, 2003, 10: 609—626.

[24] Chiappori, Pierre-Andre, "Introducing Household Production in Collective Models of Labor Supply", *Journal of Political Economy*, 1997, 105 (1): 191—209.

[25] Chiappori, Pierre-Andre, "Nash-Bargained Households Decisions: a comment", *International Economic Review*, 1988, 29: 791—796.

[26] Chiappori, Pierre-Andre, "Rational Household Labor Supply", *Econometrica*, 1988, 56: 63—90.

[27] Chiappori, Pierre-Andre, "Collective Labor Supply and Welfare", *Journal of Political Economy*, 1992, 100: 437—467.

[28] Chiappori, Pierre-Andre, Bernard Fortin and Guy Lacroix, "Marriage Market, Divorce Legislation, and Household Labor Supply", *Journal of Political Economy*, 2002, 110 (1): 37—72.

[29] Maurizio Mazzocco, "Household Intertemporal Behaviour: A coucetive characterization and a test of commitment", *Review of economic studies*, 2007, 74 (3): 857—895.

[30] Chinhui Juhn and Kevin, M. Murphy, "Wage Inequality and Family Labor Supply", *Journal of Labor Economics*, 1997, 15 (1): 72—97.

[31] Christopher J. Flinn. and James J. Heckman, "Are Unemployment and Out of the Labor Force Behaviorally Distinct Labor Force States?", *Journal of Labor Economics*, 1983, 1 (1): 28—42.

[32] Coleman, Mary, T. and Pencavel, John, "Trends in Market Work Behavior of Women since 1940", *Industrial and Labor Relations Review*, 1993, 46 (4): 653—676.

[33] Costa Dora, L. , "From Mill Town to Board Room: The Rise of Women's Paid Labor", *Journal of Economic Perspectives*, 2000, 14 (4): 101—122.

[34] Cox, J. , "On Testing the Utility Hypothesis", *Economic Journal*, 1997, 107: 1054—1078.

[35] Cullen, Julie Berry and Gruber, Jonathan, "Does Unemployment Insurance Crowd Out Spousal Labor Supply?" *Journal of Labor Economics*, 2000, 18 (3): 546—572.

[36] David, L. Wetzell, "On Some Unappreciated Implications of Becker's Time Allocation Model of Labor Supply", *Economics Letters*, 2002, 75: 219—225.

[37] Del Boca, D. , "The Effect of Child Care and Part Time Opportunities on Participation and Fertility Decisions in Italy", *Journal of Population Economics*, 2002, 15: 549—573.

[38] Dickens, William, T. and Lundberg, Shelly, J. "Hour Restrictions and Labor Supply", *International Economic Review*. 1993, 34 (1): 169—191.

[39] Donald O. Parsons, "The Decline in Male Labor Force Participation", *Journal of Political Economy*, 1980, 88 (1): 117—134.

[40] Eduardo Pontual Ribeiro, "Asymmetric Labor Supply", *Empirical Economics*, 2001, 26: 183—197.

[41] Edward P. Lazear, "Symposium on Women in the Labor Market", *Journal of Economic Perspectives*, 1989, 3 (1): 3—7.

[42] Elizabeth Brainerd, "Women in Transition: Changes in Gender Wage Differentials in Eastern Europe and The Former Soviet Union", *Industrial and Labor Relations Review*, 2000, 54 (1): 138—162.

[43] Emmanuel Saez, "Optimal Income Transfer Programs: Intensive versus Extensive Labor Supply Responses", *Quarterly Journal of Economics*, 2002, 117 (3): 1039—1073.

[44] Galor, O. and Weil, D. N. , "The Gender Gap, Fertility and Growth", *American Economic Review*, 1996, 86: 374—387.

[45] Goldin and Claudia, *Understanding Gender Gap: An Economic His-*

tory of American Women （ 1ˢᵗ ）, New York-Oxford: Oxford University Press, 1990.

［46］Gray, Jeffrey, S. , "Divorce-Law Changes, Household Bargaining, and Married Women's Labor supply", *American Economic Review*, 1998, 88: 628—644.

［47］Greenwood, J. , Seshadri, A. and Yorukoglu, M. , "Engines of Liberation", *Review of Economic Studies*, 2003, 72 （1）: 109—133.

［48］Gronau, Reuben,"Leisure, Home Production, and Work-the Theory of the Allocation of Time Revisited", *The Journal of Political Economy*, 1977, 85 （6）: 1099—1124.

［49］Gronau, Reuben, "The Theory of Home Production: The Past Ten Years", *Journal of Labor Economics*, 1997, 15 （2）: 197—205.

［50］Grossbard - Shechtman. Shoshana, 1993, *On the Economics of Marriage- A Theory of Marriage, Labor, and Divorce*, Boulder: Westview Press.

［51］Grossbard-Shechtman, Shoshana and Neideffer, Matthew, "Women's Hours of work and Marriage Market Imbalances", In: Inga Persson and Christina Jonung(ed.), *Economics of The Family and Family Policies*, London, Routledge, 1997.

［52］Gustafsson, B. and S. Li, "Economic Transformation and the Gender Earnings Gap in Urban China", *The Journal of Population Economics*, 2000, 13 （2）: 305—329.

［53］Gustafsson, Bjorn and Li Shi, "Income inequality within and across counties in rural China 1988 and 1995", *Journal of Development Economics*, 2002, 69 （1）: 179—191.

［54］Haddad, Laurence and Kanbur, Ravi, "Intrahousehold Inequality and Theory of Targeting", *European Economic Review*, 1992, 36: 372—378.

［55］Haizheng Li and Jeffrey S. Zax, "Labor Supply in Urban China", *Journal of Comparative Economics*, 2003, 31: 795—817.

［56］Hans, G. Bloeman and Elena G. F. Stancanelli, "Individual Wealth, Reservation Wages, and Transitions into Employment", *Journal of Labor economics*, 2001, 19 （2）: 400—439.

［57］Hausman, J. , "Labor Supply, How Taxes Affect Economic Behavior", in: H. Aaron and J. Pechman, eds. , *Tax and the Economics*, Vol. 1 (North Holland, Amsterdam), 1981.

［58］Heckman, J. J. , 1971, "Three Essays on the Supply of Labor and the Demand for Goods", Ph. D. Dissertation, Princeton University (May).

［59］Heckman, J. J. , "Sample Selection Bias as a Specification Error", *Econometrica*, 1979, 47 (1): 153—161.

［60］Heckman, J. J. and MaCurdy, T. E. , "A Simultaneous Equations Linear Probability Model", *Canadian Journal of Economics*, 1985, 18 (1): 28—37.

［61］Heckman, J. J. , "What Has Been Learned About Labor Supply in the Past Twenty Years?", *American Economic Review*, 1993, 83: 116—121.

［62］Hoynes, H. W. , "Welfare Transfers in Two-parent Families: Labor Supply and Welfare Participation Under AFDC-UP", *Econometrica*, 1996, 64 (2): 295—332.

［63］Hunt, Jennifer, "The Transition in Eastern Germany: When Is Ten-Point Fall in the Gender Wage Gap Bad News?", *Journal of Labor Economics*, 2002, 20 (1): 148—169.

［64］ILO (International Labour Office), http: //laborsta. ilo. org/. Yearly Data (1969— 2003).

［65］Imai, S. , "Intertemporal Labor Supply and Human Capital Accumulation", *international Economic Review*, 2004, 45 (2): 601—641.

［66］Jan Svejnar, "Transition Economics: Performance and Challenges", *Journal of Economic Perspective*, 2002, 10 (1): 3—28.

［67］Jane Waldfogel, "The Family Gap for Young Women in the United States and Britain: Can Maternity Leave Make a Difference?", *Journal of Labor Economics*, 1998, 16 (3): 505—545.

［68］John Pencavel, "Changes in Male Work Behavior and Wages", http: //www-siepr. stanford. edu. /workp/swp97046. pdf.

［69］Johnson, William, R. and Skinner, Jonathan, "Labor Supply and Marital Separation", *American Economic Review*, 1986, 76 (3): 455—469.

［70］Jones, L. and McGrattan, E. , R. Manuelli, "Why Are Married

Women Working So Much?", http: //www. docin. com/p-419200556. html.

[71] Jones, Stephen R. G. and Riddell, W. Craig, "The Measurement of Unemployment: An Empirical Approach", *Econometrica*, 1999, 67 (1): 147—162.

[72] Joseph E. Zveglich, Jr and Yana van der Meulen Rodgers, "The Impact of Protective Measures for Female Workers", *Journal of Labor Economics*, 2003, 21 (3): 533—555.

[73] Joyce P. Jacobsen, "Labor Force Participation", *Quarterly Review of Economics and Finance*, 1999, 39: 597—610.

[74] Juhn, Chinhui, "Decline of Male Labor Market Participation: The Role of Declining Market Opportunities", *Quarterly Journal of Economics*, 1992, 107 (1): 79—121.

[75] Julie A. Nelson, "Feminism and Economics", *Journal of Economic Perspectives*, 1995, 9 (2): 131—148.

[76] June A. O'Neill, "A Times-Series Analysis of Women's Labor Force Participation", *American Economic Review*, 1981, 71 (2): 76—80.

[77] Katz, L. and Murphy, K. , "Changes in Relative Wages, 1963—1987: Supply and Demand Factors", *Quarterly Journal of Economics*, 1992, 1: 35—78.

[78] Kenneth Burdett and Jan I. Ondrich, "How Changes in Labor Demand Affect Unemployed Workers", *Journal of Labor Economics*, 1985, 3 (1): 1—10.

[79] Kevin M. Murphy and Tobert Topel, "Unemployment and Nonemployment", *American Economic Review*, 1997, 87 (2): 295—300.

[80] Killingsworth, M. R. , *Labor Supply*, New York: Cambridge Univ. Press, 1983.

[81] Killingsworth, M. R. and J. J. Heckman, "Female Labor Supply: A Survey", in: Ashenfelter, O. and R. Layard (ed.), *Handbook of Labor Economics*, 1986, 1: 103—204.

[82] Kimmel, Jean and Kniesner, Thomas J. , "New Evidence on Labor Supply: Employment versus Hour Elasticities by sex and Marital Status", *Journal of Monetary Economics*, 1988, 42 (2): 289—301.

[83] Knight, John and John, "Trends in Poverty, Inequality and the A-chievement of International Development Targets in China", *Paper prepared for DFID China Program Retreat*, 2000, 29 June.

[84] Knight, John and Lina Song, "Employment constraints and sub-optimality in Chinese enterprises", *Oxford Economic Papers*, 1999, 51 (2): 284—299.

[85] Konrad, Kai, A. and Kjell Erik Lommerud, "The Bargaining Family Revisited", *Canadian Journal of Economics*, 2000, 33 (2): 471—487.

[86] Kooreman, Peter and Kapteyn, Arie, "A Disaggregated Analysis of the Allocation of Time within the Household", *Journal of Political Economy*, 1987, 95 (2): 223—249.

[87] Kottis, A. P. , "Shifts Over Time and Regional Variation in Women's Labor Force Participation Rates in a Developing Economy", *Journal of Development Economics*, 1990, 33: 117—132.

[88] Kristian Bolin, "The Marriage Contract and Efficient Rules for Spousal Support", *International Review of Law and Economics*, 1994, 14: 493—502.

[89] Layard, R. , Barton, M. and Zabalza, A. , "Married Women's Participation and Hours", *Economica*, 1980, 47: 51—72.

[90] Lerhrer, E. L. , "Married Women's Labor Supply Behavior in the 1990s: Differences by Life-cycle Stage", *Social Science Quarterly*, 1999, 80 (3): 574—590.

[91] Lehrer, E. L. and M. Nerlove, "The Labor Supply and Fertility Behavior of Married Women: A Three-Period Model", *Research in Population Economics*, 1981, 3: 123—145.

[92] Linda N. Edwards and Elizabeth Field-Hendrey, "Home-Based Work and Women's Labor Force Decisions", *Journal of Labor Economics*, 2002, 20 (1): 170—200.

[93] Long, Clarence, D. , *The Labor Force Under Changing Income and Employment*, Princeton, NJ: Princeton University Press, 1958.

[94] Loscocco, Karyn, A. and Bose, Christine, E. , "Gender and job

satisfaction in urban China: The early post-Mao period", *Social Science Quarterly*, 1998, 79 (1): 91—110.

[95] Lundberg, Shelly, "The Added Worker Effect", *Journal of Labor Economics*, 1985, 3 (1): 11—37.

[96] Lundberg, Shelly and Robert A. Pollak, "Separate Spheres Bargaining and the Marriage Market", *Journal of Political Economy*, 1993, 101 (6): 988—1010.

[97] Lundberg, Shelly and Robert A. Pollak, "Noncooperative Bargaining Models of Marriage", *American Economic Review*, 1994, 84: 132—137.

[98] Lundberg, Shelly and Robert A. Pollak, "Bargaining and Distribution in Marriage", *Journal of Economic Perspectives*, 1996, 10 (4): 139—158.

[99] Lundberg, Shelly and Robert A. Pollak, "Efficiency in Marriage", http://www.nber.org/papers/w8642.

[100] Maloney, Tim, "Employment Constraints and the Labor Supply of Married Women: A Reexamination of the Added Worker Effect", *Journal of Human Resources*, 1987, 22 (1): 51—61.

[101] Mammen, Kristin and Paxson, Christina, "Women's Work and Economic Development", *Journal of Economics Perspective*, 2000, 14 (4): 148—164.

[102] Manser, Marilyn and Brown, Murray, "Marriage and Household Decision Making: A Bargaining Analysis", *International Economic Review*, 1980, 21 (1): 31—44.

[103] Margaret Maurer-Fazio and James Hughes, "The Effect of Market Liberalization on Relative Earnings of Chinese Women", *Journal of Comparative Economics*, 2002, 30 (4): 709—731.

[104] Matias Eklof and Hans Sacklen, "The Hausman-Macurdy Controversy", *The Journal of Human Resources*, 2000, 35 (1): 204—220.

[105] Maureen Kelkenny and Sonya Kostova Huffman, "Rural/Urban Welfare Program and Labor Force Participation", *American Journal of Agricultural Economics*, 2003, 85 (4): 914—927.

[106] Meyer, Bruce, D., "Labor Supply at the Extensive and Intensive

Margins: The EITC, Welfare, and Hours Worked", *American Economic Review*, 2002, 92 (2): 373—379.

[107] McElroy, Marjorie, B. and Horney, Mary, J., "Nash-Bargained Household Decisions: Toward a Generalization of the Theory of Demand", *International Economic Review*, 1981, 22 (2): 333—349.

[108] Merz, Monika, "Women's Hours of Market Work in Germany: The Role of Parental Leave", http: //ftp: iza. org/dp1288. pdf.

[109] Michael, Robert., "Consequences of the Rise in Female Labor Force Participation Rates: Questions and Probes", *Journal of Labor Economics*, 1985, 3: 117—146.

[110] Mincer, Jocob and Ofek, Haim, "Interrupted Work Careers: Depreciation and Restoration of Human Capital", *Journal of Human Resources*, 1982, 17: 3—24.

[111] Mincer, Jacob, "Labor Force Participation of Married Women", In: H. G. Lewis (ed) *Aspects of Labor Economics*, Princeton University Press (for NBER), 1962.

[112] Miriam Beblo, "The Strategic Aspect of Female Employment: A Dynamic Bargaining Model and its Econometric Implementation", www. cerforum. org/conferences/200006/papers/beblo. pdf.

[113] Naohiro Ogawa and John F. Ermisch, "Family Structure, Home Time Demands, and the Employment Patterns of Japanese Married Women", *Journal of Labor Economics*, 1996, 14 (4): 677—702.

[114] Newell, Andrew and Reilly, Barry, "The Gender Wage Gap in Russia: Some Empirical Evidence", *Labor Economics*, 1996, 3: 337—356.

[115] Newmark, David and Andrew Postlewaitel, "Relative Income Concerns and the Rise in Married Women's Employment", *Journal of Public Economics*, 1998, 70 (1): 157—183.

[116] Oaxaca, R., "Male-Female Wage Differentials in Urban Labor Markets", *International Economic Review*, 1973, 14: 693—709.

[117] OECD, "On the Margin of the Labor Force: An Analysis of Discouraged Workers and other Non-participants", *Employment Outlook*, 1987, September: 142—170.

[118] OECD, "Supplementary Measures of Labour Market Slack", *Employment Outlook*, 1995, July: 43—49.

[119] Olivetti Claudia, "Changes in Women's Hours of Market Work: The Effect of Changing Returns to Experience", *Review of Economic Dynamics*, 2006, 9: 557—587.

[120] Ott, Notburga., *Intrafamily Bargaining and Household Decisions* (1st), New York: Springer, 1992.

[121] Pak-Wai Liu, Xin Meng and Junseng Zhang, "Sectoral Gender Wage Differentials and Discrimination in the Transitional Chinese Economy", *Population Economics*, 2000, 13: 331—352.

[122] Parkman, Allen, M., "Unilateral Divorce and Labor-force Participation Rate of Married Women, Revisited", *American Economic Review*, 1992, 82: 671—678.

[123] Pencavel, J., "Labor Supply of Men: A Survey", Chapter 1 in: Ashenfelter O. and Layard R. (eds), *Handbook of Labor Economics*, North Holland, 1986.

[124] Peters, H. Elizabeth, "Marriage and Divorce: Informational Constraints and Private Contracting", *American Economic Review*, 1986, 76: 437—454.

[125] Psacharopoulos, G. and Z. Tzannatos, "Female Labor Force Participation and Education", In G. Psacharopoulos (ed.) *Essays on Poverty, Equity and Growth*, Oxford: Pergamon Press for the World Bank, 1991.

[126] Putterman, Louis, "Effort, productivity, and incentives in a 1970s Chinese people's commune", *Journal of Comparative Economics*, 1990, 14 (1): 88—104.

[127] Ransom, M. R., "An Empirical Model of Discrete and Continuous Choice in Family Labor Supply", *the Review of Economics and Statistics*, 1987, 59: 465—472.

[128] Richard, E. Barrett, William P. Bridges, Moshe Semyonov and Xiaoyuan Gao, "Female Labor Force Participation in Urban and Rural China", *Rural Sociology*, 1991, 56 (1): 1—21.

[129] Riddell, W. Craig, "Measuring Unemployment and Structural Un-

employment", *Canadian Public Policy*, 2000, XXVI: S101—S108.

[130] Rupert Peter, Rogerson Richard, and Wright Randall, "Homework in Labor Economics: Household Production and Intertemporal Substitution", *Journal of Monetary Economics*, 2000, 46: 557—579.

[131] Samuelson, Paul, A., "Social Indifference Curves", *Quarterly Journal of Economics*, 1956, 70 (1): 1—22.

[132] Schultz, T. Paul, "Testing the Neoclassical Model of Family Labor Supply and Fertility", *The Journal of Human Resources*, 1990, 25 (4): 599—634.

[133] Shaw, K., "Life-cycle labor supply with human capital accumulation", *International Economic Review*, 1989, 30: 431—456.

[134] Shunfeng Song, "Policy Issues of China's Urban Unemployment", *Contemporary Economic Policy*, 2003, 21 (2): 258—269.

[135] Simon Appleton, John Knight, Lina Song and Qingjie Xia, "Labor Retrenchment in China Determinants and Consequences", *China Economic Review*, 2002, 13: 252—275.

[136] Smith, James, P. and Michael P. Ward., "Time Series Growth in the Female Labor Force", *Journal of Labor Economics*, 1985, 3 (1): 59—90.

[137] Stephens, Melvin, Jr., "Worker Displacement and the Added Worker Effect", *Journal of Labor Economics*, 2002, 20 (3): 504—537.

[138] Snyder, S., "Nonparametric Testable Restrictions of Household behaviour", *Southern Economic Journal*, 2000, 67: 171—185.

[139] Soest, Van, A., "Discrete choice models of family labour supply", *Journal of Human Resources*, 1995, 30: 63—88.

[140] Sorrentino, Constance, "International Unemployment Rates: How Comparable Are They?", *Monthly Labor Review*, 2000, 123 (6): 3—20.

[141] Stein, R. L., "New Definitions for Employment and Unemployment", *Employment and Earnings*, 1967, 13: 3—27.

[142] Svejnar, Jan., "Transition Economies: Performance and Challenges", *Journal of Economic Perspectives*, 2002, 16 (1): 3—28.

[143] Tansel, A., "Determinants of School Attainment of Boys and Girls

in Turkey: Individual, Household and Community Factors", *Economics of Education Review*, 2002, 21 (5): 455—470.

[144] Tito Boeri, "Transition With Labor Supply", http: //ssrn. com/ abstract = 265636.

[145] Tito Boeri and Katherine Terrell, "Institutional Determinants of Labor Reallocation in Transition", *Journal of Economic Perspectives*, 2002, 16 (1): 51—76.

[146] Udry, C. , " Gender, Agricultural Production, and the Theory of Household", *Journal of Political Economy*, 1996, 104 (5): 1010—1038.

[147] Elizabeth Brainerd, "Women in transition: changes in gender wage differentials in eastern Europe and the fomer soviet union", *industrial and labor relations review*, 2000, 54 (1): 138—162.

[148] Varian, H. , "The Nonparametric Approach to Demand Analysis", *Econometrica*, 1982, 50: 945—973.

[149] Varian, H. , "Goodness-of-fit in Optimizing Models", *Journal of Econometrics*, 1990, 46: 125—140.

[150] Varian, H. , " Goodness-of-fit for Revealed Preference Tests", Mimeo, Ann Arbor: University of Michigan, 1993.

[151] Wales, T. J. and Woodland, A. D. , "Sample Selectivity and the Estimation of Labor Supply Functions", *International Economic Review*, 1980, 21 (2): 437—468.

[152] Welch, Finis, "The Employment of Black Men", *Journal of Labor Economics*, 1990, 8 (1): S26—S74.

[153] Welch, Finis, "Wage and Participation", *Journal of Labor Economics*, 1997, 15 (1): S77—S103.

[154] Zabel, Jeffrey, E. , "The Relationship Between Hours of Work and Labor Force Participation in Four Models of Labor Supply Behavior", *Journal of Labor Economics*, 1993, 11 (2): 387—416.

[155] Zagorsky, J. L. , "The Effect of Definitional Differences on US and Canadian Unemployment Rates", *Canadian Business Economics*, 1996, 4: 13—21.

[156] Z. Liu, "Earnings, Education, and Economic Reforms in Urban

China", *Economic Development and Cultural Change*, 1998, 46: 697—725.

［157］北京市妇联课题组：《北京市下岗女工再就业现状及两性比较》，《人口研究》2000年第2期。

［158］［美］贝克尔：《家庭经济分析》（1981年中译本），华夏出版社1987年版。

［159］贝克尔：《人类行为的经济分析》（1976中译本），上海人民出版社、上海三联书店1997年版。

［160］蔡昉：《中国人口与劳动问题报告No.4（2003）：转轨中的城市贫困问题》，社会科学文献出版社2003年版。

［161］蔡昉、王美艳：《非正规就业与劳动力市场发育——解读中国城镇就业增长》，《经济学动态》2004年第2期。

［162］蔡昉、王美艳：《中国城镇劳动参与率的变化及其政策含义》，《中国社会科学》2004年第4期。

［163］蔡昉、王美艳：《女性劳动供给特点与教育投资》，《江海学刊》2001年第6期。

［164］常凯：《公有制企业中女职工失业与再就业问题的调查与研究》，《社会学研究》1995年第3期。

［165］陈凌、姚先国：《论人力资本中的资源配置能力》，《经济科学》1997年第4期。

［166］陈凌、姚先国：《退休、养老和劳动力供给决策》，《中国经济问题》2000年第1期。

［167］陈卫民：《中国城镇妇女就业模式及相关的社会政策选择——社会性别视角的分析》，《中国人口科学》2002年第1期。

［168］陈钊、陆铭、吴桂英：《经济转型中的婚姻家庭与女性就业：对相关事实的经济学理解》，《中国社会科学评论》2004年第1期。

［169］崔凤垣：《关于我国妇女就业问题的思考》，《人口与经济》2001年第5期。

［170］崔岩：《长期经济停滞条件下的日本劳动力市场：以失业率为中心的分析》，《世界经济》2002年第4期。

［171］第二期中国妇女社会地位调查课题组：《第二期中国妇女社会地位抽样调查主要数据报告》，《妇女研究论丛》2001年第5期。

［172］冯华、冯永超：《理性的困境：公有制企业女职工的就业制度

背景分析》，《广西大学学报》（哲学社会科学版）2001 年第 2 期。

［173］郭继强：《中国城市次级劳动力市场中民工劳动供给分析》，《中国社会科学》2005 年第 5 期。

［174］胡鞍钢：《中国城镇失业状况分析》，《管理世界》1998 年第 4 期。

［175］胡鞍钢、程永宏、杨韵新等：《扩大就业与挑战失业——中国就业政策评估（1949—2001）》（第 1 版），中国劳动社会保障出版社 2002 年版。

［176］贾根良、刘辉锋：《女性主义经济学述评》，《国外社会科学》2002 年第 5 期。

［177］蒋永萍：《关注劳动力市场中的性别平等——"中国妇女就业论坛"综述》，《妇女研究论丛》2003 年第 2 期。

［178］蒋永萍：《两种体制下的中国城市妇女就业》，《妇女研究论丛》2003 年第 1 期。

［179］揭艾花：《单位制与城市女性发展》，《浙江社会科学》2001 年第 1 期。

［180］《劳动统计年鉴》（历年），中国统计出版社。

［181］李乃蓉：《人口素质与女工劳动保护》，《人口与经济》1996 年第 4 期。

［182］李实、［瑞典］别雍·古斯塔夫森：《中国城镇职工收入的性别差异分析》，载赵人伟、李实和卡尔·李思勤主编《中国居民收入分配再研究》，中国财政经济出版社 1999 年版。

［183］李实：《20 世纪 90 年代末中国城市贫困的恶化及其原因》，载李实、佐藤宏主编《经济转型的代价——中国城市失业、贫困、收入差距的经验分析》，中国财政经济出版社 2004 年版。

［184］李实、邓曲恒：《中国城镇失业率的重新估计》，《经济学动态》2004 年第 4 期。

［185］刘伯红：《对"男女平等的社会学思考"的思考》，《社会学研究》1994 年第 6 期。

［186］刘德中、牛变秀：《中国的职业性别隔离与女性就业》，《妇女研究论丛》2000 年第 4 期。

［187］刘晓昀、史泰丽、辛贤：《中国农村劳动力非农就业的性别差

异》，《经济学》（季刊）2003 年第 3 期。

［188］鹿立：《妇女经济地位与妇女人力资本关系的实证研究》，《人口研究》1997 年第 2 期。

［189］陆建民：《社会转型期上海职业女性群体的分化与流动》，《妇女研究论丛》2000 年第 4 期。

［190］陆铭、葛苏勤：《经济转轨中的劳动供给变化趋势：理论、实证及含义》，《上海经济研究》2000 年第 4 期。

［191］［美］明塞尔：《劳动供给研究》（1993 年中译本），中国经济出版社 2001 年版。

［192］南亮进、薛进军：《1949—1999 年中国人口与劳动力推算》，《中国人口科学》2002 年第 3 期。

［193］潘锦棠：《经济转轨中的中国女性就业与社会保障》，《管理世界》2002 年第 7 期。

［194］潘锦棠：《养老社会保险制度中的性别利益——兼评关于男女退休年龄的讨论》，《中国社会科学》2002 年第 2 期。

［195］潘锦棠：《中国女工劳动保护制度与现状》，《妇女研究论丛》2002 年第 7 期。

［196］潘锦棠：《中国生育保险制度的历史与现状》，《人口研究》2003 年第 2 期。

［197］孙都光：《浅析社会转型对女职工的影响——从"单位人"到"自由人"》，《经济体制改革》2000 年第 1 期。

［198］孙抗私：《人力资本投资中性别歧视的经济解析》，《财经问题研究》2002 年第 7 期。

［199］宋小川：《无就业增长与非均衡劳工市场动态学》，《经济研究》2004 年第 7 期。

［200］吴邦国：《以"三个代表"重要思想为指导，切实做好下岗失业人员再就业工作》，载《中国积极的就业政策——全国再就业工作会议（2002）文件汇编》，中国劳动和社会保障出版社 2003 年版。

［201］吴桂英：《家庭内部决策理论的发展和应用：文献综述》，《世界经济文汇》2002 年第 2 期。

［202］谢嗣胜、姚先国：《劳动力市场中统计性歧视的模型分析》，《数量经济技术经济研究》2004 年第 9 期。

［203］徐安琪、刘汶蓉：《家务分配及其公平性》，《中国人口科学》2003 年第 3 期。

［204］杨绪彪、赵俊艳、周学馨、姚平：《中国 15—64 岁组女性生活时间分配研究》，《人口与经济》1999 年第 5 期。

［205］姚先国、陈凌：《试论劳动力市场的供给管理》，《管理世界》1997 年第 6 期。

［206］姚先国、陈凌：《中国人力资源开发与就业压力分流》，《学术月刊》1999 年第 11 期。

［207］姚先国、赖普清：《中国劳资关系的城乡户籍差异》，《经济研究》2004 年第 7 期。

［208］姚先国、黎煦：《长期雇佣与激励机制》，《社会科学战线》2004 年第 3 期。

［209］姚先国、罗卫东：《比较经济体制分析》，浙江大学出版社1999 年版。

［210］姚先国、翁杰：《企业对员工的人力资本投资研究》，《中国工业经济》2005 年第 2 期。

［211］姚先国、张海峰：《中国教育回报率估计及其城乡差异分析——以浙江、广东、湖南、安徽等省的调查数据为基础》，《中国社会科学文摘》2005 年第 1 期。

［212］叶文振：《当代中国婚姻问题的经济学思考》，《人口研究》1997 年第 6 期。

［213］曾湘泉：《我国劳动力市场中的就业政策支持》，《中国人民大学学报》2003 年第 1 期。

［214］张车伟：《失业率定义的国际比较及中国城镇失业率》，《世界经济》2003 年第 5 期。

［215］张车伟、吴要武：《城镇就业失业和劳动参与：现状、问题和对策》，《中国人口科学》2003 年第 6 期。

［216］张丹丹：《市场化与性别工资差异研究》，《中国人口科学》2004 年第 1 期。

［217］张丹丹、王美艳、王德文：《劳动力市场的性别视角》，载蔡昉主编《中国人口与劳动问题报告——城乡就业问题与对策》，社会科学文献出版社 2002 年版。

［218］张风林：《劳动供给行为与就业体制安排的内在关系研究》，《学术研究》2002 年第 11 期。

［219］张跃平、林少宫：《从 2000 年诺贝尔经济学奖看计量经济学研究方法的创新》，《经济学动态》2000 年第 12 期。

［220］张展新：《市场化转型中的城市女性失业：理论观点与实证发现》，《市场与人口分析》2004 年第 1 期。

［221］赵慧珠：《性别角色与社会发展笔谈（三）——"回家"是否是女性发展的合理模式?》，《社会学研究》1995 年第 3 期。

［222］郑也夫：《男女平等的社会学思考》，《社会学研究》1994 年第 2 期。

［223］《中国统计年鉴》（历年），中国统计出版社。

［224］庄平、毕伟玉：《教育与城镇妇女就业相关性分析》，《人口与经济》2003 年第 1 期。

致　谢

　　本专著获得了 2012 年浙江省哲学社会科学规划后期资助（编号：12HQ11），其中一些前期成果还受到了教育部人文社会科学研究 2010 年度项目（编号：10YJC790231）和 2011 年浙江省自然科学基金（项目编号：Y6110353）的资助，在此非常感谢浙江省哲学社会科学规划办公室、教育部和浙江省自然科学基金委员会，他们的持续支持保证了我能长期专注该领域的系统深入研究。同时，也要感谢浙江大学城市学院、商学分院金融学、企业管理等重点学科和杭州市商务信息分析重点实验室的部分配套资助。

　　此外，本专著成文定稿过程中，多次得到浙江大学姚先国教授的悉心指导和关心，特此表示最真挚的感谢和敬意。本书稿还受到香港中文大学张俊森教授、北京大学汪丁丁教授、浙江大学陈凌教授、蔡宁教授、何文炯教授、柴效武教授、张钢教授、蒋岳祥教授和郭继强教授等的热情指正，在此一并表示衷心的感谢。本研究能顺利完成，也要感谢浙江大学城市学院以及商学分院领导和同事们的理解和支持。感谢所有关心、支持我的朋友们！

　　最后，要感谢我的家人对我研究工作的长期无私支持，使我能全身心投入书稿的撰写。

谭　岚

2012 年 10 月于杭州